COLLECTION
ROLF HEYNE

ANDREW JONES

# APERITIF

## DER GUIDE
## FÜR KENNER UND
## GENIESSER

WILHELM HEYNE VERLAG
MÜNCHEN

## DANKSAGUNG DES AUTORS

Dieses Buch wäre nicht möglich gewesen ohne die Unterstützung internationaler Getränkehersteller, die mir mit Informationen und konstruktiven Vorschlägen zur Seite gestanden haben. Diese Zusammenarbeit war um so mehr von größter Bedeutung, als es auf institutioneller Ebene keine Organisation gibt, die sich ausschließlich auf die Förderung der Aperitifgetränke konzentriert.

Mein besonderer Dank gilt auch meiner Frau Branwen, die den Informationsfluß koordiniert, meine unberechenbare Grammatik korrigiert und mir viele Anregungen gegeben hat. Danken möchte ich zudem meiner Lektorin Julie Carbonara für ihre unermüdliche Arbeit, die von Recherchen in zahlreichen Ländern bis hin zum letzten Feinschliff am Buch reichte.

Titel der englischen Originalausgabe:
*The Aperitif Companion. A Connoisseur's Guide to the World of Aperitifs*
Ins Deutsche übertragen von Hannelore Ganslandt
und Marlene Schild
Die Originalausgabe erschien im Verlag
Quintet Publishing Limited, London

Copyright © 1998 by Quintet Publishing Limited, London
Copyright © 1998 der deutschen Ausgabe
by Wilhelm Heyne Verlag GmbH & Co. KG, München

Redaktion der deutschen Ausgabe: Karl Rudolf
Umschlaggestaltung: Christian Diener
Fotos: Adrian Swift
Layout: Ian Hunt
Satz: KortSatz GmbH, München
Druck und Bindung: Star Standard Industries Pte. Ltd.
Printed in Singapore

ISBN 3-453-13777-9

# INHALT

# TEIL EINS

# APERITIF-GESCHICHTE(N)

# EINFÜHRUNG

## WAS IST EIN APERITIF?

Als Aperitif bezeichnet man ein Getränk, das normalerweise als Appetitanreger vor der Mahlzeit eingenommen wird. Das Wort ist von dem französischen Adjektiv *apéritif* bzw. *apéritive* (»appetitanregend«) abgeleitet und hat seine Wurzeln in dem lateinischen *aperire*, was schlicht »öffnen« bedeutet und sich schon früh auf den Magen bezog. Bereits die alten Römer benutzten das Wort *aperitivum* für einen appetitanregenden Trunk.

Tourismus und internationaler Handel haben dazu geführt, daß heute weit mehr Getränke als Aperitifs gelten als früher. Zwar ist es in Deutschland üblich, vor dem Essen meist trockene Getränke anzu-bieten, aber die Palette der appetitanregenden Drinks ist um einiges größer: andere Länder, andere Sitten. Über die Einteilung oder Typisie-rung der in diesem Guide aufgeführten Drinks läßt sich wahrscheinlich streiten. Aber es wurden nur solche aufgenommen, die traditionell als Aperitifs bezeichnet werden – wo auch immer.

Eine Einteilung ist vielleicht gewagt, aber aus einem großzügigen Blickwinkel heraus kann man von zwei Hauptgruppen der Aperitifs sprechen: solche auf Wein- und solche auf Alkoholbasis.

## APERITIFS AUF WEINBASIS

Aperitifs auf Weinbasis kommen ursprünglich aus Südeuropa, wo lokale Weine von geringer Qualität durch Zusetzen von Destillaten, Kräutern und Gewürzen kräftiger und geschmackvoller gemacht wurden. Im Laufe der Zeit bildeten sich daraus unterschiedliche Typen von Wein-Aperitifs. Eine bedeutende Gruppe sind die »aufgespriteten Weine«, die ohne würzende Zusätze auskommen. Ihre Gärung wird durch Zugabe von Alkohol angehalten, was einen großen Teil ihrer Natursüße bewahrt. In diese Gruppe gehören die französischen Vins Doux Naturels, der Sherry aus Spanien, Portwein und Madeira aus Portugal und andere mehr. Dem Sherry aus Andalusien ähnlich ist der Montilla; wegen seines von Natur aus hohen Alkoholgehaltes wird er aber nicht aufgespritet.

Von den »versetzten Weinen« sind die Vermouths die berühmtesten. Marken wie Martini und Cinzano aus Italien oder Noilly Prat aus Frankreich haben sie bekannt gemacht. Vermouths bestehen zu drei Vierteln aus einer Mischung ausgesuchter Grundweine; der Rest ist Alkohol, Zucker und jeweils individuelle Kräutermischungen, in denen der namensgebende Wermut eine wichtige Rolle spielt. Ähnlich zusammengesetzt sind französische Aperitifs wie Dubonnet oder St. Raphaël. Auch sie haben Wein als Fundament, werden aber mit teilweise anderen Zutaten aromatisiert. Während im Vermouth das Wermutkraut ursprüngliches und wichtigstes Gewürz ist, fußt die Würze der »versetzten Weine« überwiegend auf Chinarinde.

*Einige der zum Aromatisieren von Aperitifs auf Wein-Basis verwendeten Gewürze und Kräuter*

# APERITIFS AUF ALKOHOLBASIS

Von den mehr oder weniger hochprozentigen Getränken gelten nur zwei Gruppen als klassische Aperitifs, die Bitterliköre und die Anisspirituosen. Die Bitterliköre haben ihre Wurzeln in Holland, da die Holländer über ihre Kolonien Zugriff auf viele exotische Kräuter und Gewürze hatten und so relativ preiswert Spirituosen herstellen konnten. Völlig Neues haben aber auch sie nicht erfunden: Bittere Getränke waren schon in der Antike beliebte Appetitanreger.

*Die Gelbe Enzianwurzel verleiht Suze den unverwechselbaren Geschmack*

Mit den in Deutschland gängigen Magenbittern haben die Aperitif-Bitters fast nichts gemeinsam. Ihre Bittere ist weniger ausgeprägt, aber noch so stark, daß diese Aperitifs meist verlängert werden. Produktionstechnisch sind alle Bitters Kräuterliköre, in der Paxis unterscheiden sie sich jedoch sehr. So sind die italienischen, roten Bitters (z. B. Campari) von Chinarinde und Bitterorangen-Schalen geprägt, die aus Frankreich dagegen häufig von der Enzianwurzel (z. B. Suze). Auch die halbbitteren Amari aus Italien gelten als Aperitifs; neben so berühmten Marken wie Averna und Ramazzotti zählt auch der Cynar mit seiner Artischocken-Basis zu den Amari.

Die Anisspirituosen sind Nachfolger von Getränken auf Anisbasis, die in Griechenland und Südeuropa bekannt waren, lange bevor es Spirituosen gab. Zu dieser Gruppe gehören so unterschiedliche Produkte wie die Pastis aus Frankreich, Ouzo aus Griechenland und Zypern oder Raki aus der Türkei. Für diese Spirituosen oder Liköre werden die entsprechenden Pflanzen (Sternanis, Fenchel, Süßholz) entweder in Alkohol angesetzt (Ricard) oder das per Destillation gewonnene Anisöl (*Anethol*) wird erneut destilliert und mit Alkohol und weiteren Zutaten versetzt (Pernod).

## ANDERE APERITIFS

Längst nicht alle Aperitifs sind ohne weiteres in eine der zwei Haupt-
gruppen und deren Untergruppen einzuordnen, zum Beispiel die
Likörweine. Trotz dieser Bezeichnung basieren sie nicht auf Wein, son-
dern auf Traubenmost; dessen Gärung nicht gestoppt, sondern durch
Zugabe von Alkohol gleich verhindert wird. Im Pineau des Charentes
ist dieser Alkohol Cognac, im Floc de Gascogne Armagnac. Verstärkter
Traubenmost wird Mistelle genannt; in Burgund und Champagne
Ratafia, im Languedoc Carthagène.

Im Westen Frankreichs gilt Guignolet als Aperitif, ein aus Kirschen
gewonnener Obstwein. Als »Außenseiter« kann auch der niederlän-
dische, aus Eigelb und Weingeist hergestellte Advocaat bezeichnet
werden. Die Liste ließe sich fortsetzen. Obwohl es fast unmöglich ist,
Aperitifs genau zu klassifizieren, soll der Leser mit der Einteilung in
diesem Guide doch einen verläßlichen Wegweiser bekommen.

*Die unterschiedlichsten Zutaten wie schwarze Johannisbeeren, Kirschen, Eier
und Trauben tragen zur Entstehung der verschiedenen Aperitifsorten bei*

# DIE GRUNDTECHNIKEN
# DER HERSTELLUNG

owohl die Aperitifs auf Wein- als auch die Bitters auf Alkoholbasis werden im Prinzip auf die gleiche Weise erzeugt. In einem ersten Schritt werden Kräuter und Gewürze zusammengestellt und abgewogen. Je nach Rezept wird diesen Zutaten das Aroma entweder per *Mazeration* oder per *Infusion* entzogen. Als *Mazeration* wird das Auslaugen in Neutralalkohol bezeichnet; die Geschmacksträger müssen zum Teil wochenlang in Alkohol ziehen. Bei der *Infusion* werden die aromatischen Zutaten mit heißem Wasser oder einem Alkohol-Wasser-Gemisch übergossen, die ablaufende Flüssigkeit wird immer wieder zum Übergießen verwendet und reichert sich so immer stärker mit den aus den Zutaten herausgelösten Stoffen an. Eine *Infusion* dauert einen, höchstens zwei Tage.

*Heute: Riesige Behälter für die Mazeration der Kräuter*

Die nach einem dieser Verfahren (manchmal auch nach beiden) gewonnenen Extrakte werden entweder einer Wein- oder einer Alkoholbasis zugesetzt, das Getränk wird je nach Rezept vollendet.

*Früher: Ein alter Produktionsbetrieb*

# GESCHICHTE UND ENTWICKLUNG DES APERITIFS

Gewürzte Weine wurden schon im Altertum getrunken. Im biblischen Jerusalem bekamen Kranke und Sterbende Wein, der mit Kräutern versetzt war. Die alten Ägypter aromatisierten den vergorenen Rebensaft mit Honig und Weihrauch. Und im römischen Imperium wurden verschiedene Würzweine als *aperitivum* bezeichnet und den Appetitlosen gereicht, damit sie sich zu Tische legen konnten. Aus diesen Würzweinen frühester Zeiten entstanden die (verfeinerten) Aperitifs auf Weinbasis, die wir heute kennen. Sie wurden von medizinischen Erkenntnissen ebenso beeinflußt wie vom vorherrschenden Geschmack in der Zeit ihrer jeweiligen Entstehung.

Die Aperitifs auf Alkoholbasis entstanden erst später, nachdem die Araber die Kunst des Destillierens nach Europa gebracht hatten. Der im Süden vornehmlich aus Wein, im Norden aus zucker- oder stärkehaltigen Rohstoffen wie Getreide oder Obst gewonnene, durch das Brennen verstärkte Alkohol hieß anfangs *aqua vitae*, »Wasser des Lebens«, und diente medizinischen Zwecken. Vornehmlich in vielen Klöstern laugte man heilsame Kräuter in Alkohol aus, der dann als Arznei verabreicht wurde. Um die überwiegend bitteren Tränklein etwas genießbarer zu machen, süßte man sie mit Honig oder Fruchtsäften. Diese Arzneien waren Vorläufer der Kräuterliköre, zu denen die Mehrheit der Aperitifs auf Alkoholbasis gehört.

Die Französische Revolution war der Beginn der jüngeren Aperitif-Geschichte. Der bürgerliche Lebensstil brachte neue Essenszeiten mit sich – zwischen Feierabend und Abendessen gab es eine Lücke, die mit einem guten Schluck und einigen Häppchen überbrückt wurde. Beides wurde als *apéritif* bzw. *apéritive*, »appetitanregend«, bezeichnet, das Substantiv *Aperitif* gebrauchte noch niemand. Der Feinschmecker Grimod de la Reynière riet in seinem »*Almanach des Gourmands*« zu einem *Coup d'avant* anstelle der Suppe und empfahl »einen exzellenten Vermouth oder einen exzellenten Absinthlikör«.

In Frankreich und Italien – führend auf dem Gebiet der Aperitifs – ließ das Aufkommen von Restaurants, Cafés und Bars das Geschäft mit den Aperitifs aufblühen: Mit immer neuen Getränken versuchten die Gastronomen Kunden zu gewinnen. Eine der ersten Marken, die in der Zeit dieser Markterweiterung entstanden, war Pernod. Zwar entstand der schon um 1790 in der Schweiz, aber bis ins frühe 19. Jahrhundert war er noch nicht unter einem Markennamen in Umlauf.

*Das Labor eines Alchimisten*

*Im 19. Jahrhundert war Turin das Zentrum der Vermouth-Produktion*

Seine Ankunft in Paris geriet zur Sensation, und es wurde Mode, während der gepflegten Konversation an einem Aperitif zu nippen und sich über die verschiedenen Marken auszutauschen.

Südlich der Alpen wurde Turin, die Hauptstadt Savoyens, zum Zentrum der Vermouth-Produktion. Im 18. Jahrhundert hatte sie sich zu einem Handelszentrum mit einem reichen Kunst-, Kultur- und Gesellschaftsleben entwickelt. Im heute noch bestehenden Restaurant »Cambio« pflegte der würdevolle junge *Maître licoriste* Gaspare Campari dem italienischen König Vittorio Emmanuele II und dessen Premierminister Cavour Aperitifs zu servieren. Auch ein anderer Gründer einer Aperitif-Dynastie, Allessandro Martini, hatte eine Ausbildung zum *Maître licoriste* absolviert, ebenso wie Gaspare Camparai in der Caffè-Bar »Bass« in Turin. Ein *Maître licoriste* war so etwas wie ein Barmixer, der die Eigenschaften unzähliger Pflanzen und Gewürze kannte und daraus originelle Getränke zu mischen verstand. In jenen Tagen hatte jedes größere Kaffeehaus seinen eigenen Spezialisten, der das Rezept des erfolgreichsten Haus-*aperitivo* eifersüchtig hütete. Der kleine Handel in den Cafés und Bars wuchs zu einem riesigen Wirtschaftszweig heran.

Der *Maître licoriste* Gaspare Campari verließ später Savoyen und siedelte nach Mailand über. Für seinen Vermouth interessierte sich zwar kaum jemand, seine Bitters aber wurden Legende. Alessandro Martini dagegen blieb in Savoyen, und sein Name wurde im Laufe der Zeit weltweit zu einem Synonym für Vermouth.

# VERMOUTH

Der weitaus bekannteste Aperitif ist Vermouth, wobei Cinzano und Martini die internationalen Spitzenmarken sind. Den ersten Marken-

vermouth brachte Carpano 1786 in Turin heraus. Dieser kleine Hersteller produzierte einen süßen, roten Vermouth, der rasch in Mode kam und bald auch jenseits der Grenze, in Südfrankreich, zu haben war. Joseph Noilly, ein Winzer in Marseillan, stellte daraufhin im Jahr 1800 den ersten französischen trockenen Vermouth her.

*Eine alte Produktionshalle von Martini*

Dennoch blieb das ehemalige Königreich Savoyen die wahre Heimat des Vermouths. Es erstreckte sich fast über das gesamte heutige Piemont und zahlreiche Landstriche Süd- und Ostfrankreichs. Savoyen besaß ausgedehnte Rebflächen, die jedoch, wegen der Unerfahrenheit vieler Winzer, relativ leichte und wenig charaktervolle Weine lieferten, Eigenschaften, die heute allerdings auf kaum einen der dort hergestellten Weine mehr zutreffen.

*Pflanzen und Kräuter aus aller Welt werden für die*
*Herstellung von Vermouth verwendet*

In jener Zeit handelten Weinbauern in Frankreich, Spanien und Portugal bereits mit einfachen aromatisierten Weinen, da die meisten Weine nicht genügend Geschmack hatten, um sich gut verkaufen zu lassen. Deshalb fügten Winzer und auch Wirte Kräuter- und Gewürzmischungen hinzu, die sie selbst zusammenstellten. In der Weinliteratur wird seltsamerweise häufig behauptet, Vermouth sei ursprünglich ausschließlich aus Weißwein hergestellt worden, doch einige Hersteller produzierten bereits ab dem frühen 19. Jahrhundert Rosso (roten Vermouth) aus Rotwein. Einige Generationen später folgte der trockene weiße Vermouth, in den 1960er Jahren dann der Medium-Dry Bianco und wenig später der Rosé. Heute wird allerdings jeder Vermouth Rosso nur aus Weißwein hergestellt, seine Bernsteinfarbe erhält er durch zugesetztes Karamel.

Der Begriff »Wermut« stammt vom mittelhochdeutschen »wermuot« (lat. *Artemisia absinthium*, von der das Wort Absinth kommt) für eine Beifußart mit bitterem Kraut. Der daraus hergestellte Sud wurde von Heilkundigen als probates Mittel gegen Würmer empfohlen (daher auch die englische Bezeichnung *wormwood* für Wermut). Das schmeckte entsetzlich bitter, doch mit Wein versetzt und mit verschiedenen Kräutern und Gewürzen aromatisiert, wurde daraus ein durchaus annehmbares Getränk. So entstand aus einer Medizin ein köstliches Getränk

*Kräuter und Gewürze, die im Martini enthalten sind*

und mit diesem die Sitte, an einer solchen Mischung genießerisch zu nippen, und sie nicht wie gewohnt in großen Schlucken zu trinken.

Wermut spielte auch in den mit Anis aromatisierten Aperitifs wie Pernod (s. Marken-Guide) eine Rolle. Wie schon die Mönche, die ihren Patienten alkoholische Heiltränke verabreichten, sahen viele im Vermouth einen doppelten Vorteil: Er war der Gesundheit zuträglich und schmeckte obendrein noch gut. Heute wird zwar nicht mehr die Rinde des Wermutstrauchs verwendet, aber seine Blätter und Wurzeln sind noch immer Zutaten von bestimmten Aperitifs.

Französischer Vermouth gleicht seinem italienischen Konkurrenten in vielerlei Hinsicht. Einen wesentlichen Unterschied können die Tausende von Besuchern sehen, die jährlich zur Noilly-Prat-Kellerei kommen. Dort reift der Wein nach dem Aufspriten zwei Jahre lang in Eichenfässern unter freiem Himmel. So wird er in seiner Entwicklung von allen Temperatur-, Wind- und Wetterschwankungen beeinflußt. Bereits Jahrhunderte zuvor hatten Weinbauern aus der Gegend entdeckt, daß das Reifen versetzter Weine unter diesen Bedingungen wesentlich beschleunigt wurde. Von den Südfranzosen wird ein solcher Wein als *Vin cuit*, »gekochter Wein«, bezeichnet.

*Die Noilly-Prat-Kellerei in dem Fischerstädtchen Marseillan*

Das Gebiet des Savoyer Vermouths reichte im Norden bis nach Chambéry. Als Savoyen 1860 aus der Sardinischen Monarchie herausgelöst und an Frankreich abgetreten wurde, war der Chambéry-Vermouth plötzlich ein französischer Vermouth. In jener Zeit entstand durch die Verwendung einheimischer Weine und Kräuter ein etwas anderer, leichterer Typ Vermouth als der italienische. Berühmte Vertreter dieses Typs sind die Marken Dolin und Gaudin.

# AROMATISIERTE WEINE

Um 1840 vollzog sich in Paris eine ganz andere Entwicklung: Die französische Regierung half mit, zwei berühmte Aperitifs auf Weinbasis zu kreieren: Dubonnet und St. Raphaël. Frankreichs Kolonien in Nordafrika zahlten einen hohen Blutzoll, als die Menschen zu Tausenden an Malaria starben. Man wußte, daß das aus der Rinde des Baumes *Chinchona officinalis* gewonnene Chinin gegen Malaria schützte, jedoch widerwärtig bitter schmeckte. Daher setzte die franzöische Regierung eine Prämie für ein Rezept auf Weinbasis aus, das die Einnahme des Chinins erleichtern würde. Zwei Männer, Joseph Dubonnet und Alphonse Juppet, reichten Vorschläge ein. Beide waren nach langen, intensiven Forschungen erfolgreich, nicht ohne dafür einen hohen Preis zu zahlen – Dubonnet mit seiner Ehe, Juppet mit seiner Gesundheit. Beide schufen alkoholverstärkte, aromatisierte Getränke, die sie etwa zwei Jahre reifen ließen. In Nordafrika wurden diese unter dem Namen *Quinquina* so populär, daß sie bald auch in ihrer eigentlichen Heimat Frankreich verkauft wurden und augenblicklich Erfolg hatten. Das Rezept des Dubonnet wurde im Laufe der Jahre dem jeweiligen

*Die Kapitulation von Abd-el-Kader*

Geschmack in den verschiedenen Exportmärkten angepaßt; es soll ihn heute in 15 verschiedenen Varianten geben (der in Deutschland gehandelte unterscheidet sich auch vom französischen Original). Die Anpassungen wurden notwendig, um dem immer stärker werdenden Wettbewerbsdruck standhalten zu können. St. Raphaël, das Pro-

dukt von Dubonnets Konkurrenten Dr. Juppet, wurde nicht zuletzt durch seine originellen Werbeplakate bekannt, auf denen ein rot und ein weiß gekleideter Bistrokellner – weil es St. Raphaël in einer roten und einer weißen Version gibt – vor einer blauen Wolke durch den Himmel von Paris eilen. Das Motiv stammt angeblich von einem namentlich nicht bekannt gewordenen Engländer, der es für ein Abendessen an den Besitzer einer Druckerei verkauft haben soll.

*Das Poster von St. Raphaël zeigt Alphonse Juppet, den Schöpfer des Drinks, und den namensgebenden Erzengel*

Aromatisierte Weine werden sowohl aus Rot- als auch aus Weißwein hergestellt. Nach dem Zweiten Weltkrieg war die rote Sorte sehr en vogue, während viele weiße mit der Zeit verschwanden, ebenso wie das Wort *Quinquina* (Chinin) von den Etiketten. In der Anfangszeit wurden diese Aperitifs unverdünnt genossen, aber im Laufe der Jahre fingen Genießer an zu experimentieren: Bald gab man noch eine Zitronen- oder Orangenscheibe, später auch Eis hinzu. Im 20. Jahrhundert wurde es dann Mode, aromatisierte Weine mit Tonic- oder Soda Water, Bitter Lemon und anderen Limonaden zu mischen; Dubonnet ist auch Bestandteil einiger Cocktails.

# VERSETZTE WEINE

Die hier aufgeführten Weine werden sowohl aus weißen als auch aus roten Rebsorten gekeltert und durch Zugabe von Alkohol verstärkt. Sie werden nicht mit Kräutern oder Gewürzen aromatisiert.

## Sherry

Von den mit Alkohol versetzten (»aufgespriteten«) Weinen ist der Sherry wohl der international bekannteste. Er hat seinen Namen von der Stadt Jerez, die von den Phöniziern als *Xera* gegründet wurde. Später errichteten die Griechen hier, quasi als Vorort von *Xera*, einen Handelsstützpunkt und nannten ihn *Xérès* – aus diesen beiden Namen wurde unter maurischer Besatzung *Sherish* und nach dem Sieg über die arabischen Usurpatoren das spanische Jerez (sprich: »Cherez«). Wegen seiner Lage an der Grenze (zum Maurenland) bekam das Städtchen bald den Beinamen »de la Frontera«. Schon die Phönizier hatten in dieser Region Reben angepflanzt, der Wein daraus wurde später als *Vino de Jerez* bezeichnet. Für die Zungen der Engländer, die bald wichtige Kunden wurden, war der Wein zwar ein Genuß, sein Name »Cheres« aber ein schwieriges Hindernis: Sie sprachen ihn »Sherry« aus, und dabei blieb es, zumal nicht wenige Engländer in dieser Weinregion auch *bodegas* gründeten.

*Der erste Verkostungsraum des Tio Pepe Sherry*

Zum Erfolg des Sherrys haben mehrere Faktoren beigetragen. Zum einen die Natur: Das Klima ist nahezu ideal für Weinbau. Die ständigen Brisen vom Meer verhindern Hitzenester. Die Region hat mehr Niederschläge als andere Weinbaugebiete, höhere Luftfeuchtigkeit und eine intensive Sonneneinstrahlung, was besonders für die hier vorherrschende Palomino-Traube von Vorteil ist. Eine wichtige Rolle spielen auch die *albarizas*, die weißen, sehr kalkhaltigen Böden, auf denen fast 80 Prozent der Sherry-Reben angebaut

*Auf Fino-Sherry bildet sich »flor«, eine Hefepilz-Schicht*

sind. Sie saugen in den regenreichen Monaten Februar, März und April das Wasser auf wie ein Schwamm und werden später von der Sonne sozusagen »gebacken«, so daß das darunter befindliche Wasser kaum verdunstet und die Rebstöcke gut durch die heißen Sommer bringt.

Auch die Besonderheiten im Ausbau unterscheiden den Sherry von vielen anderen Weinen. Schon früh haben die Winzer den Vorteil des »Aufspritens« für die Haltbarmachung des Weines erkannt und genutzt – der konnte so problemlos auch über weite Strecken transportiert werden. Die auf natürliche Weise entstehende *flor* prägt die Sorte Fino und ihre Varianten. Und nicht zuletzt prägt auch das *Solera*-System, in dem die Weine reifen und die verschiedenen Altersstufen kontinuierlich miteinander gemischt werden, den Sherry.

## Málaga

Direkt südlich von Montilla-Moriles und genau östlich von Gibraltar am Eingang des Mittelmeers liegt Málaga, wo das »Aufspriten« von Wein eine lange Tradition hat. Auch hier wird die *Solera*-Methode angewandt, wobei Rebsorten wie die Moscatel und die Pedro Ximenez verwendet werden. Besondere Málaga-Sorten sind der Lágrima und alter Soléra. Der Lágrima wird nur aus Most erzeugt, der allein durch das Eigengewicht der überreifen Trauben austritt.

## Madeira

Madeira ist der Oberbegriff für eine ganze Reihe zum Teil höchst unterschiedlicher Weine: gelb bis dunkelrot mit Brauntönen, trocken bis extrem süß. Davon eignet sich natürlich nur ein kleiner Teil zum Servieren als Aperitif, etwa der trockene Sercial oder die halbtrockenen Verdelho und Rainwater. Allen Madeiras gemeinsam ist das Herstellungsverfahren: Je nach gewünschtem Süßegrad wird dem Most während oder nach der Gärung Alkohol zugesetzt. Einige süße Sorten entstehen auch durch die Zugabe von Traubensaft mit Alkohol (*surdo*) zu dem bereits vergorenen Wein.

Typisch für alle Madeiras ist die Wärmebehandlung, als *estufagem* bezeichnet. In großen Fässern wird der Wein mittels heißem Wasser in einem gewundenen Rohrsystem auf etwa 50 °C gehalten. Die besseren Qualitäten werden in kleinere Fässer gefüllt und in gleichmäßig temperierten Lagerräumen der Wärme ausgesetzt. Die Spitzenweine schließlich kommen in die *canteiros*, nach Süden ausgerichtete Räume, wo sie allein von der Sonne gewärmt werden. Die hohen Temperaturen lassen den Madeira vollständig oxidieren und sich mit Sauerstoff anreichern. Mit zunehmendem Alter wird er dabei gold- bis dunkelbraun und nimmt den typischen Reifeton an.

Die Insel Madeira zog schon früh Winzer aus den verschiedensten Ländern an, darunter auch viele Engländer, die im Sherry- wie im Portwein-Gebiet ebenfalls überdurchschnittlich vertreten sind. Jede Nation trug etwas zur heutigen Sortenvielfalt des Madeiraweines bei.

*Blandys Lodge*

## Port

Dieser versetzte Wein hat seinen Namen von der Stadt Porto (auch: Oporto) im Norden Portugals, wo der Douro in den Atlantik fließt. Etwa 80 Kilometer östlich dieser Stadt beginnt das Anbaugebiet der Reben, die zu Portwein werden. Es reicht etwa 100 Kilometer weit bis zur spanischen Grenze und umfaßt das obere Dourotal und dessen tiefe Nebentäler. Portwein, kurz: Port, ist bis auf wenige Ausnahmen stets ein Verschnitt vieler hochwertiger Grundweine, von denen jeder in einem bestimm-

*Traubenlese mit traditionellen Körben*

ten Stadium der Vergärung »aufgespritet« wurde; so bleibt ein Großteil der natürlichen Traubensüße erhalten. Klassisch ist der rubinrote Portwein (*Ruby*), der mit zunehmendem Alter im Faß lohfarben (engl. *tawny*) wird und als *Tawny* zum Teil auch mit Altersangabe (10, 20, 30 und 40 Jahre) angeboten wird. Ideal als Aperitif ist der *White Port*, eine noch ziemlich junge Port-Spielart.

*Weinberge im Douro-Tal*

23

## Marsala

Die vom Gesetz genau definierten Herstellungsgebiete für Marsala sind die DOC-Provinzen (*Denominazione di Origine Controllata*, d. h. »kontrollierte Herkunftsbezeichnung«) Trapani, Palermo und Agrigento auf Sizilien. Die DOC-Bestimmungen regeln auch die Herstellung des Marsalas, der weniger als Aperitif- denn als Dessert-Wein bekannt geworden ist. Basis aller Marsalas ist ein Verschnitt meist trockener

*Die Kellerei Florio in Marsala*

Weine, der mit Mistelle versetzt und mit Destillat aus Brennweinen der Region »aufgespritet« wird. Der Wein muß mindestens vier Monate in Holzfässern reifen. Eine Ausnahme (und als Aperitif sehr geeignet) ist der *Marsala Vergine*, der voll durchgegoren, nicht mit Mistelle versetzt und daher trocken ist. Nach dem Verstärken mit Destillat reift dieser Marsala-Typ in einer Solera.

## Natursüße Weine

In Deutschland sind süße Getränke als Aperitifs zwar weitgehend verpönt, aber ein Schluck kühler *Vin doux naturel* kann auch vor dem Essen eine Köstlichkeit sein. Die meisten dieser Weine sind ungemein reich an Aroma – gegebenenfalls muß bei der Wahl der Vorspeise darauf Rücksicht genommen werden. Die *Vins doux naturels* (VDN), eine Spezialität aus Südfrankreich, werden während der Gärung mit neutralem Alkohol versetzt, damit ein Großteil des natürlichen Traubenzuckers erhalten bleibt. Es gibt zwar verschiedene Sorten, aber die meisten (Banyuls, Maury, Rivesaltes) werden aus Grenache noir hergestellt und längere Zeit gereift. Der *Vin doux naturel* darf nicht verwechselt werden mit *Vin de Liqueur* aus unvergorenem Traubenmost und Alkohol (z. B. Pineau des Charentes).

*Der Maury reift unter freiem Himmel in Ballonflaschen*

# MUSCATS

Allein zur besseren Übersichtlichkeit werden die Muscats hier gesondert von den französischen *Vins doux naturels* behandelt, obwohl im Grunde genommen die meisten französischen Muscats in ihrer Heimat zur offiziellen Kategorie der VDN gezählt werden. Im allgemeinen werden die Muscats im Norden sowohl vor als auch als nach dem Essen getrunken, während sie im Mittelmeerraum gehaltvoller ausfallen und eher geeignete Begleiter einer Nachspeise sind.

Die Muscats werden überwiegend aus der Rebsorte Alexandria hergestellt, die eine süße, aromatische Muskattraube mit Dutzenden von Varianten ist. Wird sie am Rebstock voll ausgereift, ergibt die Muskattraube einen gehaltvollen, goldfarbenen Most, aus dem einige der aromatischsten und köstlichsten Weine produziert werden. Sehr häufig sind sie im mediterranen Klima anzutreffen, wo sie von Osten nach Westen normalerweise immer vorzüglicher werden.

Der Muskatwein von Samos ist seit Urzeiten eine griechische Delikatesse. Andere Muscats sind der portugiesische Moscatel de Setubal und die verschiedenen französischen. Deren bekannteste sind Muscat de Beaumes-de-Venise und der Muscat de Rivesaltes.

*Weinberg am Fuße des Canigou in Frankreich*

# BITTERS

Unter den Aperitifs auf Alkoholbasis fällt den Bitters zweifellos die wichtigste Rolle zu. Es gibt kaum jemanden, der noch nie Campari mit Soda trank, Fortgeschrittene wissen auch mit Namen wie Cynar, Aperol, Suze und Picon etwas anzufangen. All diese Aperitifs werden als »Bitters« bezeichnet, obwohl sie sich grundlegend von dem unterscheiden, was hierzulande unter einem (Magen-)Bitter verstanden wird.

*Gaspare Campari*

Fachlich gesehen, sind sie allesamt Kräuterliköre, aber sie sind ganz anders als herkömmliche Kräuterliköre wie Bénédictine oder Chartreuse. All diesen Aperitif-Bitters gemeinsam ist ihr Aufbau: Würzende Zutaten werden in Alkohol ausgelaugt und mit Zucker und Wasser zum fertigen Getränk vollendet, zuvor eventuell noch mit weiterem Alkohol versetzt. Angesichts dieser relativ einfachen Rezeptur verwundern die oft drastischen Unterschiede zwischen den einzelnen Marken. Aber die Hersteller können schließlich schon aus einer Unzahl von Kräutern, Pflanzenteilen (Blüten, Blätter, Rinden und Wurzeln) und Gewürzen wählen. Sie können diese Aromaträger in unterschiedlichen Dosierungen zusammenstellen. Sie können ihnen die Aromen in unterschiedlichen Verfahren wie Mazeration, Infusion oder Perkolation entziehen, sie können auch einzelne Mazerate, Infusionen oder Perkolate zusätzlich noch destillieren. Und schließlich haben sie die Wahl, auf verschiedenerlei Arten gewonnene Extrakte in unterschiedlichen Mengen zu dem von ihnen angestrebten Endprodukt zusammenzubringen.

Die klassischen italienischen Aperitif-Bitters sind rot und in ihrem Geschmack von Chinarinde und Bitterorangen-Schalen geprägt. Als Ausnahmen können der leichtere, auf Rhabarber basierende Aperol und der Cynar bezeichnet werden, ein Amaro (eigene Gruppe der

*Illustration aus der ersten Campari-Werbebroschüre*

Halbbitter-Liköre), dessen Geschmack und Wirkung wesentlich von dem in ihm enthaltenen Artischocken-Extrakt bestimmt werden.

Frankreichs Aperitif-Bitters werden geschmacklich häufig vom Gelben Enzian (z. B. Suze), seltener von Kiefernextrakten (wie etwa im Claquesin) geprägt. Auch in ihren anderen Zutaten – und damit in Geschmack und Farbe – unterscheiden sie sich sehr deutlich von ihren überwiegend roten Verwandten aus Italien.

Wegen ihrer doch ziemlich ausgeprägten, wenn auch nicht gerade übermäßigen Bitternote werden die Aperitif-Bitters so gut wie nie pur getrunken. Zumindest ein Würfel Eis, der beim Schmelzen diesen Drink nach und nach verdünnt, sollte es schon sein. Beliebtester Mixer, also Füllgetränk, ist Sodawasser. Aber auch Schaumweine aller Art eignen sich gut für das Verlängern der Bitters zu einem anregenden Aperitif. Ein aufgefüllter Bitter sollte jedoch, wenn er Aperitif ist, nicht mehr als zehn Zentiliter Gesamtmenge haben.

*Artischocken-Extrakt verleiht Cynar seinen unverwechselbaren Geschmack*

# PASTIS

Eigentlich müßte dieses Kapitel mit »Anisspirituosen und -liköre« überschrieben sein, denn die Pastis sind gewiß nicht die einzigen Aperitifs mit ausgeprägtem Anisgeschmack. Aber da diese Gruppe die stärkste im weiten Feld der Anisées ist, soll ihre Bezeichnung auch Titel sein. Für deutsche Zungen ist eine Anisspirituose *vor* dem Essen gewiß ungewohnt. Franzosen, Griechen, Türken und einige andere Völker mehr schätzen gerade diesen überaus nachhaltigen Geschmack auch vor dem Essen. Das Aromatisieren von Getränken mit Anisöl läßt sich bis ins Jahr 1600 v. Chr. zurückverfolgen und ist schon in den Papyri von Ebers erwähnt. Als die Mauren Teile von Südeuropa besetzten, gaben sie Anis als »Reinigungsmittel« in ihr Trinkwasser, um sicher zu sein, daß es auch bekömmlich war.

Mit destilliertem Alkohol kamen die Pflanzen, die Anisöl (*Anethol*) enthalten, allerdings erst viel später in Berührung. Es begann nach der Französischen Revolution in der Schweiz mit dem *absinthe*, einem

*Während der Französischen Revolution berannte die Menge nach dem Sturm auf die Bastille auch das Rathaus*

neuartigen Getränk, das zwei wesentliche Stoffe enthielt: das Wermut-
kraut (lat. *Artemisia absinthium*) und einen Extrakt aus dem Grünen Anis,
einer Doldenpflanze, die in den Alpen wuchs.

Eine Generation später siedelte das Haus Pernod seine Destillerie
in das französische Pontarlier um, wo die zwei Hauptzutaten leichter
zu finden waren. In der Folge wurde Pontarlier zur Heimat des klassischen französischen Pastis, wo Ende des 19. Jahrhunderts diverse
Marken bekannt wurden, darunter auch »Terminus«, der durch das
Reklameplakat des bekannten Künstlers Tamagno berühmt wurde.

In den letzten zwei Jahrzehnten des 19. Jahrhunderts wurde der
Absinth in Paris zum absoluten Modegetränk. Sowohl der Maler Henri
de Toulouse-Lautrec mit seinem Bild »Die *Absinth-Trinker*« als auch
zahlreiche Schriftsteller haben ihn in ihren Werken populär gemacht.
Über seine aphrodisiakische Wirkung begannen wilde Geschichten zu
kursieren. Zu Beginn des 20. Jahrhunderts sagten Forscher dem Absinth nach, er sei für das *Delirium tremens* verantwortlich, unter dem
viele Trinker litten, und fanden heraus, daß seine toxischen Eigenschaften vor allem auf das im Wermut enthaltene Thuyon(öl) zurück-

*Sternanis*

zuführen waren. Daraufhin wurde das Getränk in fast allen Ländern verboten und die Hersteller suchten nach Alternativen. Schließlich gelang es Pernod, durch Weglassen des Absinthkrautes ein ungefährliches Getränk herzustellen, das bald kopiert wurde. Diese Nachahmungen wurden als *pastiche* (provenzalisch für »Mischung«) bekannt, woraus dann »Pastis« wurde.

## Pastis-Variationen

Anisöl wird nicht nur aus dem Grünen Anis, sondern auch aus Sternanis, Fenchel und Süßholz gewonnen. In Marseille entwickelte sich ein eigener Pastis-Typ auf der Basis von Süßholz (Lakritz), von dem es hieß, es habe einen ähnlich reinigenden Effekt wie Anis und eine ebenso wohltuende, ver-

dauungsfördernde Wirkung. Andernorts interessierte dies allerdings kaum jemand, bis Paul Ricard 1932 seinen Pastis in ganz Frankreich auf den Markt brachte. Der ist heute der meistverkaufte Pastis und drittgrößte Spirituose der Welt.

In Bordeaux nahm 1755 eine dritte Spielart der Anisspirituosen ihren Anfang, als Marie Brizard ein Unternehmen gründete. Sie war eine

*Anissamen*

Wohltäterin, die ein Spital für Arme und Kranke errichtet hatte. Eines Tages erhielt sie von einem dankbaren Patienten ein Rezept für einen medizinischen Trank auf Anisbasis, dessen Geschmack sie so anpaßte, daß das Getränk als Likör verkäuflich war. Der Anisette fand rasch seine Liebhaber und erlebte seinen Höhepunkt im 19. Jahrhundert. Als pur serviertes Getränk spielen Anisette und andere Anisliköre heute keine sonderliche Rolle mehr, als Mixzutat sind sie, speziell Anisette, jedoch unentbehrlich: Marie Brizard braucht dafür jährlich 350 Tonnen Anis.

Auch Spanien hat mit Produkten wie Ojen, Anis del Mono und dem Chinchon zur Entwicklung der Anisspirituosen beigetragen, doch trotz deren unbestrittener Qualität hatten die Erzeuger außerhalb der spanischsprechenden Welt damit nur sehr mäßigen Erfolg.

Ouzo, die griechische Anisspirituose, wurde durch Urlauber und die vielen griechischen Wirte auch außerhalb seines Heimatlandes ein bekanntes Getränk. Anis wächst in Griechenland üppig, versetzt mit Alkohol aus Trauben oder Traubentrestern und heimischen Kräutern, wird er zu einem höchst aromatischen Genußmittel. Dem Ouzo ähnlich, aber auf anderer Alkoholbasis, ist der Raki aus der Türkei.

*Marie Brizard*

# ANDERE APERITIFS

## Montilla

Etwa 150 Kilometer landeinwärts und nordöstlich von Jerez de la Frontera liegt die Region von Montilla-Moriles. Der Wein dieser Gegend ist als Montilla bekannt und wird nach der gleichen Methode erzeugt wie der Sherry. Allerdings braucht er nicht »aufgespritet« zu werden, da seine Trauben überaus zuckerreich sind. Es wird fast ausschließlich die Rebsorte Pedro Ximénez verwendet, die in und um Jerez nur zu Süßwein ausgebaut wird. Der sehr zuckerhaltige Most vergärt zu einem alkoholreichen Wein, der den Zusatz von Destillat überflüssig macht. Den Wein der *Denominación de Origen* Montilla-Moriles gibt es, wie Sherry, in verschiedenen Typen.

*Pedro-Ximénes-Trauben werden zum Trocknen in der Sonne ausgelegt*

## Pineau des Charentes

Pineau des Charentes ist ein unter Touristen in Westfrankreich äußerst populärer, süßer Aperitif, der gut gekühlt selbst Liebhabern von trockenen Getränken schmeckt. Er darf nur in der gesetzlich definierten Cognac-Region produziert werden. Rechtlich zählt er zu den *Vins de Liqueur*, obwohl er nicht Wein, sondern unvergorenen, mit jungem Cognac »stummgemachten« Traubenmost als Basis hat.

## Ratafia

Das ist eine Spielart des Pineau des Charentes, die in sehr kleinen Mengen erzeugt wird und je nach Herkunft unter der Bezeichnung »Ratafia de Bourgogne« oder »Ratafia de Champagne« im Markt ist.

## Crème de Cassis

Dieser wohl berühmteste aller Fruchtliköre ist kein Aperitif im eigentlichen Sinne, sondern unentbehrliche Zutat der berühmten Aperitif-Cocktails »Kir« und »Kir Royal« (in denen er meist in viel zu üppiger Dosierung enthalten ist). Die angesehensten Marken kommen aus Dijon und Umgebung. Crème de Cassis ist empfindlich gegen Licht und Sauerstoff und muß dementsprechend gelagert werden.

## Advocaat, Guignolet, Rinquinquin und Archer's

Der Advocaat aus Holland, der aus einer Mischung von Alkohol (üblicherweise Weindestillat) mit Eigelb besteht, hat noch immer viele Liebhaber. Der Guignolet, ein immer seltener anzutreffender französischer Kirsch-»Wein«, wird normalerweise auf Eis getrunken und ist so gut wie konkurrenzlos. Rinquinquin und Archer's sind zwei sehr unterschiedliche Aperitifs mit Pfirsicharoma. Sie werden üblicherweise vor einem Essen nicht pur getrunken, sondern sind Bestandteil von Aperitif-Drinks wie »Pêche Royal« (mit Sekt aufgegossen).

# ANZEIGEN UND WERBUNG

## APERITIFS UND KUNST

Wie für viele Getränke, so wurde auch für Aperitifs hauptsächlich mit Plakaten geworben, von denen einige zu klassischen Editionen wurden, die selbst heute noch von Sammlern gesucht werden – so zum Beispiel das Ende des 19. Jahrhunderts erschienene Tamagno-Plakat für den Absinth Terminus. Zu Beginn des 20. Jahrhunderts bekam diese Kunstrichtung neuen Auftrieb durch das Engagement Davide Camparis, des Sohns des Firmengründers, welcher der Marke zum Durchbruch verhalf. Er galt in Mailand als großer Kunstmäzen und gab viele bekannte Plakate in Auftrag, darunter auch das Portrait der wunderschönen Opernsängerin Lina Cavalieri, die er liebte; das Bild wurde

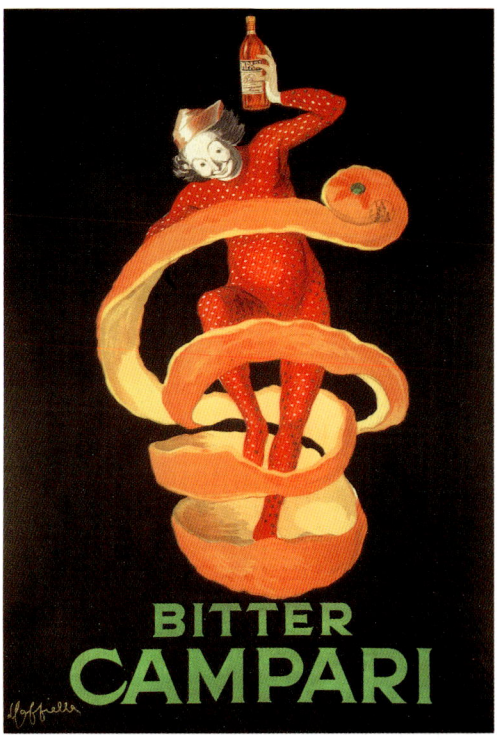

*Camparis berühmtes »Folletto«-Plakat*

*Ein Martini-Plakat*

auf einem berühmtgewordenen Aschenbecher abgebildet und zu einem unvergeßlichen Motiv des Unternehmens.

Campari verfolgte die Strategie, den Plakatgestaltern ihre künstlerische Freiheit zu lassen, vorausgesetzt, ihre Arbeit erfüllte drei Grundbedingungen: Sie mußte deutlich den Markennamen zeigen, klare Farben verwenden und die Marke beiläufig ins Bild integrieren. Zu den bekanntesten Plakaten gehören Cappiellos *Folletto* (1921) mit einem tanzenden Clown in einer spiralförmig geschnittenen Orangenschale, der eine Campari-Flasche hochhält, und Enrico Sacchettis *Viveur*, der Darstellung eines Herrn in Frack und Zylinder. Im Jahr 1958 setzte das Haus Campari diese Tradition dann mit Rollis Strandplakat und 1960 mit Stroppas *Elefant* fort.

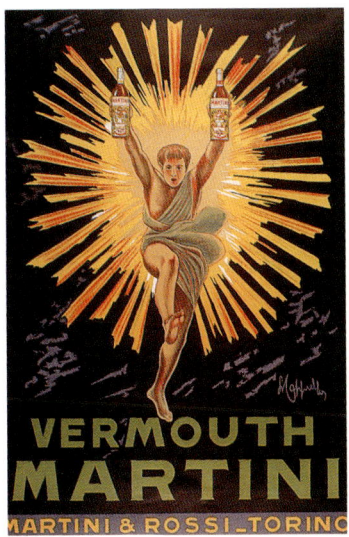

*Ein Martini-Plakat*

Als ungeheuer anpassungsfähig erwies sich »*Der Don*«, ein anderes berühmtes Plakat. Im September 1928 wurde es dem für seine Portweine und Sherrys bekannten Unternehmen Sandemann von einem anonymen Kunstagenten verkauft. Das Motiv zeigt die dunkle Silhouette eines Mannes, angetan mit einem Sombrero als Symbol für den in Spanien hergestellten Sherry und einem portugiesischen Studenten-Cape, das die Herkunft des Portweines aus Portugal verdeutlichen soll.

Französische Plakatmaler waren damals zwar gefragt, doch in diesem Fall war der Urheber ein verkrachter Schotte mit Namen George Massiot Brown. Er machte durch seinen Agenten glauben, daß er ein Franzose namens George Massiot (französisch ausgesprochen) sei, und verschwieg seinen Nachnamen Brown. Die Gestalt auf dem Plakat ähnelte auffallend einer Filmfigur namens »Zorro«, und später stellte sich heraus, daß der Künstler, ein Kino-Freund, das Bild just in jener Woche gemalt hatte, in der »*Gaucho*«, dritter in einer Reihe von »Zorro«-Filmen, in London Premiere hatte.

Sandeman kaufte das Plakat zu einem Spottpreis und ließ davon gleich zwei Versionen drucken. Auf der einen

*Sandemans »Don«*

hielt diese Gestalt ein Glas mit goldfarbenem Sherry in der Hand, auf der anderen ein Glas mit rubinrotem Port. Drei Jahre später stellte

*Der »Viveur«, eines der bekanntesten Campari-Werbeplakate*

Royal Doulton Porzellanfiguren dieses »Don« her, und 1933 erschien ein Nachdruck des Werbeplakats im Rekordformat von 40 x 10 Meter. Sandeman wählte den »Don« als Logo und stellte ihn als Sherry-Version vor den Toren von Jerez de la Frontera auf, während außerhalb von Porto seine Riesenversion mit dem Portwein-Glas zu sehen ist. Andere Sherry-Häuser haben jahrelang ihre Namen als Logos verwendet, manche haben sich aber auch ein spezielles zugelegt wie Gonzales Byass den »Flamenco-Gitarristen« oder Williams & Humbert seit 1939 das »Sherry Girl« als Markenzeichen.

Eine Anerkennung für die phantasievollste Aperitif-Werbung gebührt zweifellos dem Unternehmen John Harvey & Sons für seine Bristol-Cream-Sherry-Werbung. Schon 1912 warb dieses Haus in einer Anzeige mit dem überzeugenden Slogan: »Sherry ist der einzige Wein, den man beim Rauchen genießen kann.«

## DIE GROSSEN AUSSTELLUNGEN

Das Aufkommen der Dampfmaschine im 19. Jahrhundert brachte in puncto Reisen große Veränderung und regte dazu an, etwas über andere Länder und deren Erzeugnisse zu erfahren. Viele Händler und Konsumenten waren bereit, alle möglichen fremden Getränke und Nahrungsmittel anzubieten, doch sie wollten in der Lage sein, Marken ihres Vertrauens wiederzuerkennen. Das ließ sich am besten mit großen Ausstellungen erreichen, die Hersteller, Händler und potentielle Käufer gleichermaßen anzogen.

Sie fanden in Weltstädten statt, darunter Moskau, Wien, Brüssel, Paris, London, Philadelphia, St. Louis, Buenos Aires und Sydney. Zu den Höhepunkten dieser Ausstellungen gehörten die internationalen Wettbewerbe, bei denen in zahlreichen Kategorien Medaillen und Diplome verliehen wurden. Häufig wurden diese anschließend auf den Etiketten der so ausgezeichneten Marken abgebildet. Bis 1977, als die

*Das Amer Picon auf der Straßburger Ausstellung verliehene Diplom*

*Eine Martini verliehene Medaillen-Urkunde*

Marke ein neues Label bekam, rühmte sich Martini auf einem Schriftband im Etikett seiner 40 Medaillen und bildete sechs davon ab. Der Scholtz Hermanos Málaga Solera 1885 zeigt auf seinem Etikett zehn Medaillen und einen Hinweis auf das Ehrendiplom, das dem Wein in jenem Jahr in Antwerpen zuerkannt wurde.

# FERNSEHWERBUNG

TV-Werbespots boten eine neue Möglichkeit, ein Millionenpublikum zu erreichen. Das animierte die Spirituosenhäuser zu der Überlegung, ob es möglich sei, zugkräftige Werbespots zu entwickeln, die weltweit ankämen. Meist scheiterte dies an sprachlichen und kulturellen Problemen. Immerhin aber fanden in den 60er Jahren die klassischen Schwarzweiß-Werbespots von Dubonnet mit dem großen französischen Komiker Fernandel großen Anklang.

In den letzten Jahren werden die internationalen Budgets auf ein Minimum zurückgefahren, und jedes Land bekommt seinen eigenen Etat zugewiesen. Jede Art von Werbung ist heute so teuer geworden, daß viele Markeninhaber vor diesen großen Ausgaben zurückschrecken und statt dessen lieber mit Sonderangeboten in die Läden gehen oder potentielle Käufer mit teuren Werbegeschenken locken.

# APERITIFS – RICHTIG SERVIERT

## DIE GLÄSER

Es ist schwierig, ja fast unmöglich, allgemeingültige Empfehlungen für das jeweils richtige Glas zum Aperitif zu geben. Mehr oder weniger pauschal läßt sich nur sagen, daß das Glas nicht zu groß sein darf, wenn das betreffende Getränk tatsächlich nur als Aperitif, also unmittelbar vor einem Essen, angeboten wird. Denn ungeachtet persönlicher Vorlieben sollte kein Aperitif mit mehr als acht bis zehn Zentiliter serviert werden, weil ein Zuviel an Flüssigkeit, zumal an alkoholischer, vorschnell den Magen füllt und den Zweck des Aperitifs verfehlt.

Jedes Land hat seine speziellen Vorlieben. In den USA wird der Vermouth beispielsweise meist in einem schmalen Becherglas serviert, während man ihn in Italien und Frankreich gern auf Eis und mit einer Scheibe Zitrone aus einem kurzstieligen Weinglas trinkt.

Manche Gäste bestehen darauf, die Marke Martini in einem Martini-Glas serviert zu bekommen, doch die wenigsten wissen, daß dieses Glas für den Cocktail »Martini« entworfen wurde. Dessen Rezept schrieb als »Weichmacher« für den Gin Vermouth Dry vor, den es zu jener Zeit, abgesehen von Noilly Prat, kaum gab. Heute haben auch Marken wie Cinzano und Martini einen Extra-Dry und das passende »Martini«-Glas. Es spricht überhaupt nichts dagegen, darin auch puren Vermouth zu servieren.

*Der Martini-Cocktail*

Campari schlägt fünf Möglichkeiten vor, seinen Bitter zu servieren: pur auf Eis mit einer Orangenscheibe, mit Sodawasser und Eis, als »Camparino« mit Soda, das allerdings aus dem Soda-Syphon, als »Campari Orange« und schließlich mit Eis und Orangenschale zum »Shakerato« geschüttelt. Da diese Variationen auch unterschiedliche Gläser verlangen, war es dem Haus unmöglich, sich auf einen Glastyp festzulegen. Dennoch wurde 1960 ein italienischer Designer beauftragt, eine exklusive Serie von Campari-Gläsern zu entwerfen, die vom Markt gut aufgenommen wurden. Doch bald stellte sich heraus, daß sie zwar schön, aber unpraktisch und zerbrechlich waren, so

daβ sie bald wieder verschwanden. Kürzlich ist aber eine neue Serie von Gläsern herausgekommen, die großen Anklang findet.

Sherryproduzenten empfehlen hingegen fast einhellig die *copita*, ein schmales und elegantes Glas mit einem kurzen Stiel und einem Kelch, der sich nach oben verengt und so das Bukett dieses Weins sehr gut bewahrt. Die *copita* sollte immer knapp zur Hälfte gefüllt werden, so daβ man den Sherry im Glas schwenken und seinen Duft genießen kann. Williams & Humbert gehören zu den wenigen Sherryherstellern, die eine andere Form des Glases empfehlen.

*Sherry-»copitas« mit Oloroso, Amontillado und Fino*

# APPETITHAPPEN UND SNACKS

Aperitifs werden sowohl zu Hause als auch in Restaurants oder Bars als Auftakt zu einem Essen geschätzt, und manch einer nimmt dazu gern das eine oder andere Häppchen zu sich. Das hat drei gute Gründe: Kleine Appetithappen verhindern, daß man auf leeren Magen trinkt, denn das ist unbekömmlich, sie dienen als Anregung für den Magen und nicht zuletzt dem geselligen Beisammensein.

Wohlweislich spricht man von »Appetitanregern«, denn Aperitifs sollen vor dem Essen und nicht zum Essen getrunken werden. Einzig in Spanien trinken Sherryfreunde ihren Fino häufig auch zu dem oft großzügigen Vorspeisengang, den *tapas*, gelegentlich auch noch zum Hauptgang, vor allem, wenn der aus Schalentieren besteht. Die *tapas* sind ideale Begleiter des Aperitifs, wenn dieser – wie in Spanien häufig der Fall – geraume Zeit vor der eigentlichen Mahlzeit serviert wird. Die *tapas* bieten vom Serrano-Schinken über Meeresfrüchte bis zu Wurst, Käse und Oliven verführerische Vielfalt zum Sherry.

*Eine verführerische Auswahl an Tapas*

Im benachbarten Portugal, wo der weiße Portwein beliebter Aperitif ist, wird dazu eine kleine Auswahl an gerösteten Mandeln, Oliven, Cocktail-Tomaten und kleinen Würfeln von Rohschinken angeboten.

In Italien sind die Gebräuche von Region zu Region verschieden, doch in klassischen Turiner Kaffeehäusern bekommt man Schälchen mit Nüssen, Oliven, Crostini, Chips und Brotstangen serviert.

In den reizenden, weißgekalkten zypriotischen Bars finden sich zwischen den grünen und schwarzen Oliven häufig grüne Kirschen und Zitronen, dazu gibt es Salz und kleine Portionen Feta. Dazu trinken die Einheimischen natürlich genüßlich ihr Gläschen Ouzo.

Hervorragende französische Restaurants bieten *amuse-gueules* (»Gaumenfreuden«) an, köstliche, meist warme Kleinigkeiten, die keineswegs sättigen dürfen, sondern nur den Appetit steigern und einen Vorgeschmack auf das Können der Küche geben sollen.

Im Gegensatz dazu wird in der Provençe gerne eine große Platte mit rohem Gemüse auf den Tisch gestellt. Allein schon die Farben sind eine Verführung: das Violett der Auberginen, das Rot, Gelb und Grün der Paprikaschoten. Oft gibt es dazu sorgfältig zusammengestellte Dips, die dezent genug sind, daß sie die Aperitifs nicht übertönen. Vor allem zum Pastis werden oft getrocknetes Obst und Nüsse serviert.

*Meze sind die bevorzugten Snacks in Zypern und Griechenland*

Am besten sollte man die Appetitanreger so schlicht wie möglich wählen und alles Geschmacksintensive vermeiden – diese Aufgabe ist dem Hauptgang vorbehalten, den man mit passenden Weinen »harmonisieren« kann.

*Häufig in der Provençe gereicht: Oliven und Rohkostgemüse*

## APERITIF-RITUALE IN BARS
## RUND UM DIE WELT

Je größer die Städte im 17. und 18. Jahrhundert wurden, desto mehr Lokale entstanden, die mit ihrem unterschiedlichen Angebot natürlich

auch eine unterschiedliche Klientel anzogen. Das Streben nach immer höherem Niveau führte dazu, daß in Turin, Mailand und anderswo die Café-Bars entstanden, die mit der Einführung des Aperitifs als Drink eine verlockende Alternative

*Die Campari-Bar in der Mailänder Galleria*

boten. Die elegante Welt traf sich dort bei Vermouth oder Bitter, um anschließend ein paar Schritte weiter im Restaurant zu essen.

In Paris und anderen größeren Städten Frankreichs werden Aperitifs meist in Brasserien und guten Restaurants angeboten. In Brasserien werden im allgemeinen keine großen Umstände gemacht, doch es gibt deutliche Unterschiede in den Reaktionen der Kellner auf eine Bestellung: In guten Restaurants erkundigt sich der *Garçon* meist zunächst

»*Vous désirez un apéritif?*«, und es ist immer faszinierend, seine Reaktion zu beobachten. Bestellt man Whisky, folgt meist ein höfliches Nicken, Champagner wird vielleicht mit einem kurzen Lächeln quittiert, bestellt der Fremde aber einen Pastis, ist ihm ein »*bien sûr*« und eine geflissentliche Geste sicher. Nur wenige Sekunden später wird ihm eine klassische, dreikantige Ricard-Karaffe mit eisgekühltem Wasser auf den

*Die dreikantige Ricard-Karaffe*

Tisch gestellt, dazu das unverwechselbare, schmale, flötenartig geformte Pastisglas.

Dann wartet der Kellner gespannt, ob der Gast sich als Kenner erweist und einen Teil Pastis und fünf Teile Wasser einschenken läßt oder sich wie ein Neureicher benimmt und Eiswürfel will.

In Gianninos klassischer Bar im Herzen von Mailand wird Sie der Ober an einen Tisch begleiten, während ein anderer Kellner dem Barkeeper Ihre Bestellung überbringt, der, damit ihm kein Fehler unterläuft, jeweils nur einen Drink mixt. Mit Hilfe von Zange, Schere und Barmesser bereitet er dazu bemerkenswerte Garnituren. Anschließend gießt er jeden Drink in ein passendes, makellos sauberes und – sofern das angebracht ist – vorgekühltes Glas.

Heute gibt es eine erstaunliche Vielzahl guter Bars, doch immer noch haben die Top-Adressen jene Aura, die sich am deutlichsten in der Art ihres Service zeigt. In der legendären »Harry's Bar« in Venedig wird großer Wert darauf gelegt, daß sich jeder Gast ausgesprochen wohl fühlt. Dehalb verwöhnt man ihn mit einer kleinen, aber exquisiten Auswahl von Appetizern und bietet ihm Beratung an. Die Oliven sind vom Feinsten, die Zitronenschale hat noch jenen Hauch von Grün, der genügend Säure garantiert, und die Limetten sind perfekt. Berühmte Bars können es sich nicht leisten, ihren Ruf aufs Spiel zu setzen; ihre goldene Regel lautet: Klassisches muß klassisch bleiben.

*Harry's Bar in Venedig*

Wenn Ernest Hemingway seinen »Martini« dort mit feinsten grünen Oliven (klassisch: nur solche mit Stein) bekam, dann wird er für Sie heute genau so zubereitet und serviert wie damals.

Wie ein »Campari Soda« nach allen Regeln der Kunst gemixt wird, läßt sich in den USA im eleganten »Hunt Club«, Darien/Connecticut, beobachten. Der Barmann nimmt einen hohen, schmalen Tumbler, gießt reichlich roten Bitter hinein, fügt Eis hinzu und greift dann zu einer Soda-Zapfpistole an einem langen Schlauch. Aus etwa anderthalb Meter Entfernung schäumt er dann den Campari höchst elegant zum Longdrink auf. Wird hingegen ein Campari auf Eis bestellt, wird der korrekt mit einer Orangenscheibe serviert und nicht mit Zitrone, die sich mit dem bittersüßen Aroma des Drinks nicht verträgt.

Norman, der legendäre Barkeeper des Ritz-Carlton an der Südseite des New Yorker Central Parks, braucht Sie nur ein einziges Mal kennengelernt zu haben. Er wird sich vorstellen, nach Ihrem Namen fragen und sich erkundigen, ob Sie einen Aperitif wünschen. Ganz gleich, ob Sie einen Martini Extra-Dry, einen Noilly Prat oder einen Pernod bestellen, sein phantastisches Gedächtnis wird Ihren Namen und Ihren Drink registrieren, und selbst wenn Sie erst ein Jahr später wiederkehren, wird er sich an beides sofort erinnern.

London ist heutzutage berühmter für seine »trendigen« Nachtclubs als für seine klassischen Bars. Die meisten davon findet man noch in den Luxushotels. Einmal das Dorchester, Claridge's oder Ritz aufsuchen, sich an die Bar setzen und einen Aperitif genießen, während im Hintergrund ein Pianist spielt – das kann ein ebenso reizvolles wie stilvolles Erlebnis sein. Und Stil sollte man sich, genauso wie einen guten, perfekt zubereiteten und servierten Aperitif, leisten.

*Harry's Bar in Venedig im Jahre* 1933

# TEIL ZWEI

# DER MARKEN-GUIDE

# DIE APERITIFFÜHRER

D er Aperitif läßt sich zwar als Getränk definieren, das vor dem Essen gereicht wird und die Aufgabe hat, erstens den Appetit anzuregen und zweitens die Wartezeit bis zum ersten Gang angenehm zu überbrücken. In ein Schema pressen läßt sich der Aperitif aber trotz dieser Vorgabe nicht, auch wenn nach vorherrschender Meinung so ein Before Dinner Drink stets »cool, short and dry« sein soll. Jedes Land hat seine ureigenen Aperitif-Sitten, jeder Genießer seine Vorlieben. So finden sich in diesem Buch sicherlich nicht wenige Getränke, die eine Mehrheit in Deutschland nie und nimmer vor einem Essen trinken würde. Es sind Marken und Gattungen aufgeführt, die für sich alleine keine Aperitifs sind, für Pré Dinner Cocktails aber unentbehrlich, der Angostura-Bitter zum Beispiel.

Wer sich mit den Aperitifs einmal näher befaßt hat, weiß, daß viele davon mit Namen bestellt werden. Campari, Dubonnet, Martini und Pernod mögen als Beispiele genügen. Diese Marken haben oft eine Geschichte, die fesselnd ist wie ein Roman. Sie ist in diesem zweiten Teil des Buches, der Aperitifs nach Marken vorstellt, in der leider gebotenen Kürze erwähnt, wenn sie erwähnenswert ist. Auch die verschiedenen Zutaten und der Herstellungsprozeß sind hier nachzulesen, soweit diese Fakten zu recherchieren waren.

Im folgenden Glossar finden Sie einige der im Buch verwendeten technischen Begriffe.

## GLOSSAR

**Albariza** Einzigartiger weißer Kreideboden in Südspanien
**Aldehyde** Unstabile, bei der Oxidation von Alkohol entstehende Stoffe
**Arrope** Spanische Bezeichnung für einen Sirup, der durch Einkochen von unvergorenem Traubenmost auf etwa ein Fünftel entsteht (»Kochmost«); primär zum Süßen verwendet, aber auch als Färbemittel
**Barcos rabelos** Altertümliche Frachtkähne, die früher den Portwein auf dem Douro nach Vila Nova de Gaja transportierten
**Bodegas** Spanischer Ausdruck für ebenerdige Keller
**Bodensatz** (Depot) Feste, nach der Vergärung von Wein zurückbleibende Materie; manche Weine werden mit Bodensatz gealtert, um die Blume maximal zu entwickeln
**Canteiros** (port.) Speicherräume

über den Weinkellern zum Altern mancher Madeira-Weine.

**Copita** Tulpenförmiges, langstieliges Glas für Sherry

**Crémant** Schaumwein mit weniger intensiver Schaumbildung, z. B. Crémant de Bourgogne

**Ester** Aus Alkoholen und Säuren unter Abspaltung von Wasser entstehende aromatische Bestandteile alkoholischer Getränke

**Estufagem** Bezeichnet in der Herstellung von Madeirawein einen Heizraum, in dem der Wein kurz erhitzt und abgekühlt wird; die Weiterentwicklung der → *canteiros*

**Flor** Hefepilz, die sich auf der Oberfläche von Fino Sherry und einiger anderer verstärkter Weine, hauptsächlich in Südspanien, bildet

**Infusion** Einlegen von Kräutern und Gewürzen in heißes Wasser, um Aromastoffe zu extrahieren

**Lagares** In Portugal zum Stampfen der Trauben mit Füßen verwendete steinerne Tröge, meist aus Granit

**Mazeration** Einlegen von Kräutern und Gewürzen in Alkohol, um Aromastoffe zu extrahieren

**Mistelle** (*mistela*) Durch Zugabe von Alkohol stabilsierter, unvergorener Traubenmost; so bleiben der frische Fruchtgeschmack und der natürliche Traubenzucker erhalten; in einigen Aperitifs verwendet, da sie Struktur und natürliche Süße verleiht

**Most** Zuckerreicher Saft, beim Pressen der Trauben freigesetzt

**Neutralalkohol** Farb- und geschmackloser, aus diversen Rohstoffen landwirtschaftlichen Ursprungs destillierter Alkohol

**Pipe** Faß mit einer Kapazität von 500 bis 550 Litern

**Quinta** Portugiesisch-spanische Bezeichnung für ein Weingut

**Ruby** Rubinroter Portwein, eine Fortentwicklung des roten nach kurzer Faßlagerung

**Sack** Im 19. Jahrhundert populäres Synonym für Sherry; vermutlich abgeleitet von *seco* (trocken) oder von *sacar* (versenden)

**Solera** Vom lateinischen *solum* bzw. vom spanischen *suelo* (Boden) abgeleitete Bezeichnung für die unterste, auf dem Boden gelagerte Faßreihe des Solera-Systems

**Solera-System** Reifeverfahren für Sherry, bestehend aus aufeinandergestapelten Faßreihen, in denen die Sherrys reifen und die verschiedenen Altersstufen kontinuierlich gemischt werden

**Sortenrein** Bezeichnung für einen Wein oder verstärkten Wein, dessen Bukett und Geschmack an die ursprüngliche Rebsorte erinnert; wird der Ausdruck auf einen verstärkten Wein angewendet, suggeriert dies die gute Qualität des Grundweins

**Tawny** 1. Weiterentwicklung des roten Portweines, der bei längerer Faßlagerung lohfarben (engl. *tawny*) wird; 2. bei weniger guten Marken ein Verschnitt von jungen roten und weißen Portweinen

**Vergine** Ein Marsala ohne Zusatz von → *mistelle* oder Kochmost; in Spanien manchmal auch mit jungem Destillat verstärkter Tischwein ohne zusätzliche Geschmacksstoffe

**Verstärkte Weine** Generischer Begriff für alle Weine, die mit Alkohol versetzt und dadurch stabilisiert werden

**Vin cuit** Ein im Freien, entweder in Fässern oder Ballonflaschen gealterter Wein

**Vintage** Englische Bezeichnung für Weinlese und für Jahrgang, insbesondere bei Port und Madeira

# AMBASSADEUR

## *Der Botschafter aus Marseille*

Marseille ist die Heimat des aromatisierten Weines Ambassadeur. Er wurde 1936 von Eugène Pourchet entwickelt und sollte zu jener Zeit mit den beiden beliebtesten Aperitifs auf Chinin-Basis, Byrrh und St. Raphaël, konkurrieren.

Ambassadeur gehört der Firma Cusenier und damit »zur Familie« von Dubonnet und Byrrh. Alle drei werden in den riesigen Kellern von Thuir in den französischen Pyrenäen produziert.

### HERSTELLUNG

Ambassadeur gibt es in den zwei Varianten Blanc (weiß) und Rouge (rot), doch ist der weiße seltener erhältlich als der rote. Das Rezept für Ambassadeur Rouge schreibt viele verschiedene, teilweise bekannte Kräuter und Gewürze vor: insbesondere die Schalen der bitteren Bigerade-Orangen und süßer Orangen, Vanille, Kakaobohnen und Enzianblüten, allerdings

**AUF EINEN BLICK**

| | |
|---|---|
| GRUPPE | Aromatisierte Weine |
| ZUSAMMENSETZUNG | Mazerate verschiedener Geschmacksträger, Mistelle, Weißwein oder Rotwein (je nach Variante) und Neutralalkohol |
| HERKUNFTSLAND | Frankreich |
| HERSTELLUNGSORT | Thuir |
| HAUPTABNEHMER | Frankreich und Italien |
| BESICHTIGUNGEN | möglich |

## SERVIERVORSCHLÄGE

Ambassadeur Blanc *hat eine hellgoldene Farbe und ein blumiges Bukett. Er ist elegant am Gaumen, süßlich, mit einem ausgeprägten, aromatischen Nachgeschmack. Er wird wie folgt serviert:*

☆ *gut gekühlt mit einem Lemontwist oder einer Orangenscheibe*

☆ *gut gekühlt und mit der gleichen Menge Gin aufgefüllt*

Ambassadeur Rouge *ist intensiv rubinfarben und hat ein feines Bukett mit deutlichen Spuren von Himbeeren, roten Johannisbeeren und Kirschen. Am Gaumen hinterläßt er die nachhaltigen Geschmacksnoten von Pomeranzen und süßen Orangen. Er kann wie folgt serviert werden:*

☆ *leicht gekühlt mit einem Lemontwist oder einer Orangenscheibe*

☆ *auf Eis mit Mixer nach Wahl*

nicht – wie in vielen anderen Aperitifs üblich – die Wurzeln des Gelben Enzians.

Die geschmacksgebenden Zutaten werden in Neutralalkohol mazeriert. Dem so gewonnenen aromatischen Alkohol setzt man Mistelle und – je nach Sorte – Rot- oder Weißweine zu. Bevor die Mischung fertiggestellt wird, altern die jeweiligen Weine in großen Fässern aus Eichenholz. Diese Reifezeit fördert die »Atmung« des Weines und sorgt dafür, daß sich seine Fruchtigkeit weiterentwickeln kann.

*Das größte Eichenfaß der Welt in Thuir*

## ANGOSTURA
### AROMATIC BITTERS

## Von der Arznei zur Mixzutat

**A**ls eigenständiges Getränk gehört der Angostura-Bitter – fachlich und rechtlich gesehen ein Bitterlikör – nicht zu den Aperitifs. Als solcher wäre er mit seinen 44%vol. Alkohol buchstäblich umwerfend. Aber als Würzbitter spielt er in zahllosen Mixgetränken, vor allem in Before Dinner Drinks, eine unverzichtbare Rolle.

Der aromatische Bitter Angostura wurde 1824 von dem Heidelberger Arzt Dr. Siegert, der als Chirurg in der Befreiungsarmee von Simon Bolivar in Venezuela tätig war, in der Stadt Angostura (heute Ciudad Bolivar) als Mittel gegen die Malaria geschaffen. Berühmt wurde er schließlich aber nicht als Arznei, sondern als würzende Zutat von Mixgetränken und Speisen. Zwar gibt es längst eine Reihe von Nachahmungen und auch Würzbitters in anderen Geschmacksrichtungen (Orange-, Peach-Bitter), aber das Original ist bis heute

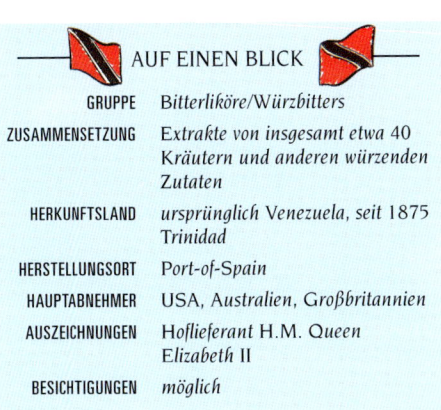

**AUF EINEN BLICK**

| | |
|---|---|
| GRUPPE | Bitterliköre/Würzbitters |
| ZUSAMMENSETZUNG | Extrakte von insgesamt etwa 40 Kräutern und anderen würzenden Zutaten |
| HERKUNFTSLAND | ursprünglich Venezuela, seit 1875 Trinidad |
| HERSTELLUNGSORT | Port-of-Spain |
| HAUPTABNEHMER | USA, Australien, Großbritannien |
| AUSZEICHNUNGEN | Hoflieferant H.M. Queen Elizabeth II |
| BESICHTIGUNGEN | möglich |

unerreicht geblieben. Schon zu Lebzeiten von Siegert war der Bitter so begehrt, daß der Arzt ein Unternehmen zur Produktion gründen mußte. Das wurde 1875 nach Trinidad verlegt. Dort wird von der Dr. J. G. B. Siegert & Sons Ltd. noch heute nach dem ursprünglichen Rezept produziert.

## HERSTELLUNG

Über diesem Rezept liegt, wie über den meisten, der Schleier des Geheimen; auch über die Herstellung ist kaum etwas bekannt. Insgesamt sollen rund 40 Zutaten zum Aroma dieses Bitters beitragen, darunter Enzian, Angelika, Chinarinde, Ingwer, Macisblüte, Nelken, Schalen von Bitterorangen und Zimt. Entgegen einer weitverbreiteten Annahme enthält der Angostura-Bitter aber keine Angosturarinde. Die Aromen der Zutaten werden wahrscheinlich mittels Mazeration in den Alkohol übergeleitet. Der gesamte Herstellungsprozeß dauert etwa drei Monate.

Angostura-Bitter ist von rotbrauner Farbe und hat – auch in einer Verdünnung – ein äußerst aromatisches Bukett und einen komplexen, etwas medizinisch anmutenden Duft und Geschmack. Zum Purtrinken ist er eindeutig zu konzentriert.

## SERVIER-VORSCHLÄGE

*Angostura-Bitter wird als Spritzer (in der Fachsprache Dash bzw. Dashes, abgekürzt ds) in den jeweiligen Drink gegeben.*

*Angostura-Bitter kann als Longdrink mit gekühltem Tonic Water oder Soda getrunken oder zum Verfeinern verschiedener Cocktails verwendet werden, so z. B.:*

☆ *MANHATTAN: 4 cl Canadian Whisky, 2 cl Vermouth Rosso und 2 ds Angostura-Bitter über große Eiswürfel in ein Rührglas geben, gut verrühren, in ein gekühltes Cocktailglas abseihen und mit einer Cocktailkirsche garnieren.*

☆ *ORIGINAL CHAMPAGNER COCKTAIL: 1 Stück Würfelzucker in einem Champagnerkelch mit Angostura-Bitter tränken, mit kaltem, trockenem Champagner aufgießen, ein Stückchen Zitronenschale über dem Cocktail ausdrücken und anschließend hineingeben.*

☆ *PINK GIN: Ein vorgekühltes Cocktailglas mit 3 – 4 ds Angostura-Bitter ausschwenken und 4 – 5 cl kalten Gin dazugießen.*

# APEROL

## *Leichtigkeit ist seine Stärke*

Aperol wurde zum ersten Mal 1919 durch Barbieri, einen kleinen Familienbetrieb in Padua, hergestellt. Silvio und Luigi, die Söhne des Gründers Giuseppe Barbieri, entwickelten dieses Getränk als Antwort auf den wachsenden Konsum von Aperitifs in Frankreich. Aperol, der noch immer nach dem Originalrezept hergestellt wird, ist enorm erfolgreich in Italien, wo er über 20 Prozent Marktanteil bei den Aperitifs hat, und gewinnt auch in anderen Ländern zunehmend Freunde. Das ist auch darauf zurückzuführen, daß er mit seinen nur 11%vol. Alkohol im Trend zum leichten Genuß liegt. Mit diesem Alkoholgehalt ist der Aperol übrigens eine Ausnahme unter den Bittergetränken, für die in den EU-Vorschriften ein Mindestgehalt von 15%vol. festgeschrieben ist.

Im Jahr 1991 wurde Aperol von der C&C International Ltd., Dublin, übernommen, die noch im selben Jahr mit der Firma Barbero,

**AUF EINEN BLICK**

| | |
|---|---|
| GRUPPE | Kräuterliköre/Aperitif-Bitters |
| ZUSAMMENSETZUNG | Alkohol, Wasser, Orangenessenz und verschiedene Kräuter |
| HERKUNFTSLAND | Italien |
| HERSTELLUNGSORT | Canale, Norditalien |
| JAHRESABSATZ | 4 200 000 Flaschen |
| HAUPTABNEHMER | Italien, Deutschland, Malta |
| BESICHTIGUNGEN | möglich, aber nur nach Vereinbarung über die Londoner Marketingagentur von Aperol |

## SERVIERVORSCHLÄGE

☆ *pur auf Eis*

☆ *auf Eis mit Soda*

☆ *aufgefüllt mit Prosecco, Sekt oder Champagner*

☆ APEROL SOUR: 5 cl Aperol mit 2 cl Zitronensaft, 1 cl Zuckersirup

*und 1 ds Orangen-Bitter über reichlich Eiswürfel in den Shaker geben, gut schütteln und in eine Sektflöte abseihen.*

*Seit 1995 gibt es in Italien Aperol mit Soda als Fertigmischung mit 3%vol in Portionsfläschchen.*

einem der führenden Wein- und Spirituosenproduzenten Italiens, fusionierte. Barbero ist auch heute noch Hersteller von Aperol.

### HERSTELLUNG

Aperol enthält insgesamt 16 würzende Zutaten. Vorherrschend sind Rhabarber, Enzian und Orangenessenz; verschiedene Kräuter, vorwiegend aus dem Piemont und den Alpen, sowie Chinarinde dienen der geschmacklichen Abrundung. Die alkoholischen Extrakte werden mit Wasser gemischt. Aperol hat eine leuchtend orangerote Farbe und einen fruchtigen, nur leicht bitteren Geschmack.

# BARBERO VERMOUTH

## Die glorreiche Tradition Piemonts

D as unabhängige Unternehmen Barbero wurde 1891 in Canale, im italienischen Piemont, gegründet. Haupterzeugnis ist Vermouth, von dem 1,8 Millionen Flaschen jährlich hergestellt werden, und zwar in den drei beliebtesten Sorten: trockener weißer Secco, halbtrockener Bianco und der traditionelle, eher süße Rosso. Je nach Sorte verwendet Barbero etwa 40 verschiedene Kräuter und Gewürze.

### HERSTELLUNG

Wie für andere Vermouthmarken auch, benötigt man bei Barbero verschiedene Alpenpflanzen und -blüten sowie exotische Gewürze. Diese werden erst gemischt und dann in Alkohol 60 Tage lang mazeriert, ehe dieser Auszug mit Weißweinen aus Puglia, Romagna und Sizilien gemischt und mit einer Zuckerlösung gesüßt wird. Die Weinbasis macht üblicherweise drei Viertel eines Vermouths aus.

Da Barbero im Vergleich zu den Vermouth-Giganten Martini und Cinzano ein relativ kleiner

AUF EINEN BLICK

| | |
|---|---|
| GRUPPE | Versetzte Weine/Vermouths |
| ZUSAMMENSETZUNG | Weinmischung und Mazerate |
| HERKUNFTSLAND | Italien |
| HERSTELLUNGSORT | Canale |
| JAHRESABSATZ | 1,8 Millionen Flaschen |
| HAUPTABNEHMER | Großbritannien, Dänemark, Tschechien |

Erzeuger ist, kann die Firma ihre Preise aufgrund der geringeren Un-kosten sehr wettbewerbsfähig gestalten. Nicht zuletzt diese Tatsache und die unbestreitbare Qualität seines Vermouths hat dem Haus Barbero auf einigen wichtigen Exportmärkten schon zu beacht-lichen Erfolgen verholfen.

## SERVIER-VORSCHLÄGE

Barbero Secco ist blaßgolden und hat ein elegantes Bukett mit leicht erkennbaren blumigen Noten (Rosen). Er ist trocken und würzig im Geschmack und hinterläßt einen leichten, kräuterhaltigen Nachgeschmack.

Barbero Bianco ist von hellgoldener Farbe und halbtrocken, hat ein leichtes Kräuterbukett und einen recht komplexen Nachgeschmack.

Barbero Rosso ist bernsteinfarben und hat ein sehr aromatisches Bukett; er ist ziemlich süß, vollmundig und hat einen angenehmen Nachgeschmack von Kräutern.

Alle drei Ausführungen können wie folgt serviert werden:

☆ pur und gut gekühlt mit Zitronenschale in einem weiten Glas

☆ auf Eis im großen Glas

☆ als Longdrink auf Eis mit einem Mixer und Zitronenscheibe;

mögliche Kombinationen:

☆ Secco mit Tonic Water

☆ Bianco mit Bitter Lemon

☆ Rosso mit Ginger Ale

## BERGER

*Ein Aperitif für viele Stunden*

D as Unternehmen Berger wurde 1923 durch Marie-Louis Gassier in Marseille gegründet und wird heute von seinem Sohn, Benjamin Gassier, geleitet. In den 30er Jahren führte Berger den noch heute verwendeten Werbespruch »Midi – sept Heures, l'Heure de Berger« (»von 12.00 Uhr mittags bis 7.00 Uhr abends – die Zeit für Berger«) ein, um die Idee zu unterstützen, daß man den Aperitif zwischen Mittag und frühem Abend genießen könne. Heute ist die Firma Marktführer bei klaren Getränken auf Anisbasis.

### BERGER BLANC

Berger Blanc unterscheidet sich von anderen Pastis durch seinen extrem geringen Anteil (0,01%) an natürlichen Pflanzenauszügen.

### HERSTELLUNG

Die Anispflanze wird in Alkohol mazeriert, um den nötigen Extrakt zu gewinnen, der fast 30 Prozent des Getränks ausmacht. Dann werden neutraler Alkohol, Wasser, Zuckersirup und

| AUF EINEN BLICK | |
|---|---|
| GRUPPE | Anisspirituosen/Pastis |
| ZUSAMMENSETZUNG | Anis, neutraler Alkohol, Pflanzenextrakte, Zuckersirup und Wasser |
| HERKUNFTSLAND | Frankreich |
| HERSTELLUNGSORT | Lieusaint, Seine et Marne |
| HAUPTABNEHMER | Frankreich und Spanien |

## SERVIERVORSCHLÄGE

Berger Blanc ist ein völlig klares Getränk mit reinem, frischem Anis-Bukett. Er ist süßer als gelber Pastis und etwas vollmundiger. Wie jede Anisspirituose wird er bei Wasserzugabe milchig-weiß. Kälte trübt klaren Pastis. Wenn er aber bei Zimmertemperatur einige Zeit steht, wird das Getränk wieder klar.

Am besten wird er wie folgt serviert:

☆ im Verhältnis 1:5 mit kühlem, klarem Wasser (ohne Eis)

☆ mit sehr kaltem Schwarzem Johannisbeernektar, Schwarzem Johannisbeerlikör oder Crème de Cassis

☆ als Longdrink auf Eis mit einem Mixer nach Wahl

natürliche Pflanzenextrakte hinzugefügt. Eine letzte Filterung sorgt für ein sauberes, klares Produkt, das im Gegensatz zu anderen Pastis weiß ist.

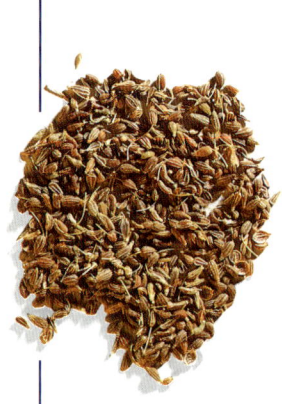

Anissamen

# BERGER PASTIS

Berger Pastis ist ein Pastis nach Marseiller Manier, bei der Süßholz wichtigster Bestandteil ist. Ebenso wie bei Ricard, Janot und anderen Vertretern dieses Typs machen Kräuter- und Gewürzauszüge zwei Prozent des Volumens aus und verleihen ihm die für den Marseiller Pastis typische gelbe Farbe.

## SERVIERVORSCHLÄGE

Berger Pastis wird nach Beimischung von Wasser trübe, wie jede Anisspirituose. Der aromatische Duft wird durch Anis bestimmt, im leicht süßlichen Geschmack erkennt man deutlich die Lakritze.

Berger Pastis wird am besten wie folgt serviert:

✰ im Verhältnis 1:5 mit kühlem, klarem Wasser (ohne Eis)

✰ mit sehr kaltem Schwarzem Johannisbeernektar, Schwarzem Johannisbeerlikör oder Crème de Cassis

✰ als Longdrink auf Eis mit einem Mixer nach Wahl

## HERSTELLUNG

Der Aniszusatz, der fast 30 Prozent des fertigen Erzeugnisses ausmacht, wird durch Mazeration der Pflanze in Alkohol gewonnen. Weitere Bestandteile sind neutraler Alkohol, Zuckersirup, natürliche Pflanzenextrakte (einschließlich Süßholz), Karamel und Wasser. Vor der Abfüllung in Flaschen wird das Getränk gefiltert.

AUF EINEN BLICK

| | |
|---|---|
| GRUPPE | Anisspirituosen/Pastis |
| ZUSAMMENSETZUNG | Anis, Süßholz (Lakritz), weitere Kräuter und Gewürze, Karamel, neutraler Alkohol, Zuckersirup und Wasser |
| HERKUNFTSLAND | Frankreich |
| HERSTELLUNGSORT | Lieusaint, Seine et Marne |

# BYRRH

## Ein Getränk aus Katalonien

**B**yrrh ist ein katalonisches Getränk, das gemeinsam mit einem weiteren Mitglied dieser Aperitiffamilie – dem Dubonnet – in Thuir am Fuße der französischen Pyrenäen produziert wird. Er wurde 1870 von Simon Violet gemeinsam mit einem befreundeten Apotheker in Perpignan, nahe der spanischen Grenze, erfunden. Sowohl einheimische Kräuter als auch importierte Gewürze wurden verwendet, um rote Roussillon-Weine zu aromatisieren. Ende des 19. Jahrhunderts leiteten die Gebrüder Violet die Herstellung. Heute gehört das Unternehmen der Gruppe Pernod Ricard an.

### HERSTELLUNG

Byrrh ist ein aromatisierter Wein. Wie bei solchen Aperitifs üblich, sind die Einzelheiten des alten Rezepts ein streng gehütetes Geheimnis. Von seinen insgesamt 18 Zutaten

### AUF EINEN BLICK

| | |
|---|---|
| GRUPPE | Aromatisierte Weine |
| ZUSAMMENSETZUNG | Mazerate aus Kräutern und Gewürzen, Rotwein, Mistelle, Neutralalkohol |
| HERKUNFTSLAND | Frankreich |
| HERSTELLUNGSORT | Thuir |
| JAHRESABSATZ | 1 800 000 Liter |
| HAUPTABNEHMER | Frankreich, Belgien, Spanien, Italien |
| BESICHTIGUNGEN | möglich |
| ADRESSE | Caves Byrrh, 6 Boulevard Violet, 66300 Thuir |

## SERVIERVORSCHLÄGE

Byrrh besitzt eine tiefrote Farbe
und ein Bukett voller Blüten
und Fruchtschalen. Er schmeckt
trockener als erwartet und hinterläßt
einen angenehmen Kräuter-
geschmack. Byrrh kann wie folgt
serviert werden:

☆ generell gekühlt mit etwa 12°C

☆ auf Eis mit Bitter Lemon und
einer Zitronenscheibe

☆ auf Eis mit einer Zitronen- oder
Orangenscheibe; ein hohes, enges
Glas unterstreicht das Bukett

☆ auf Eis mit Tonic Water, Soda
oder Limonade mit einer Zitronen-
oder Orangenscheibe

sind lediglich Quinquina (Chinarinde), Kaffee und Pomeranzen bekannt. Andere Geschmacksstoffe stammen von mazerierten regionalen
Pflanzen und Kräutern. Das Konzentrat wird mit (hauptsächlich von der
Carignan-Traube aus dem Rousillon gewonnenem) Rotwein und neutralem Alkohol verschnitten. Mistelle wird hinzugefügt, um ihm natürliche Süße und Körper zu geben. Anschließend reift der Byrrh zwei bis
drei Jahre in Eichenfässern, damit sich die einzelnen Bestandteile zu
einem harmonischen Ganzen verbinden können.

*Das Stammhaus von Pernod-Ricard*

# CAMPARI

## Die Vermächtnis des jungen Gaspare

Der berühmteste aller Aperitif-Bitters wurde nach Gaspare Campari benannt, der 1828 vor der Vereinigung Italiens in Castelnuovo in der Lombardei geboren wurde. Im Alter von 14 Jahren begann er seine Lehre als *Maître licoriste* (Getränkemeister) in der berühmten Bar »Bass« in Turin. Es war eine Epoche, in der alle eleganten Café-Bars ihre eigenen Getränkezubereiter hatten, die Mixgetränke auf Wein- oder Alkoholbasis mit verschiedenen Kräutern und Gewürzen entwickelten. Solche Hausrezepte wurden zu streng gehüteten Geheimnissen, und gelegentlich entstanden aus diesen kleinen Anfängen kommerzielle Fertigungen. Auf

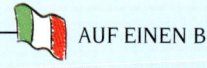 AUF EINEN BLICK

| | |
|---|---|
| **GRUPPE** | Kräuterliköre/Aperitif-Bitters |
| **ZUSAMMENSETZUNG** | Extrakte von Geschmackträgern, Neutralalkohol, Wasser und Zucker; sowohl Aroma als auch Farbe dieses Aperitifs stammen ausschließlich aus natürlichen Zutaten; Campari Soda enthält zusätzlich beigemischtes Soda. |
| **HERKUNFTSLAND** | Italien |
| **HERSTELLUNGSORT** | Italien, Frankreich, Brasilien |
| **JAHRESABSATZ** | 36 Millionen Flaschen |
| **HAUPTABNEHMER** | Italien, Deutschland, Brasilien, Frankreich, Schweiz, Niederlande, Belgien, Griechenland, Spanien und Japan |
| **AUSZEICHNUNGEN** | Zahlreiche Auszeichnungen im neunzehnten Jahrhundert, die päpstliche Auszeichnung von Pius XI. |
| **BESICHTIGUNGEN** | nach Vereinbarung möglich |

dieser Tradition fußen Marken wie Campari, Cinzano, Martini & Rossi und Punt e Mès. Nach Abschluß seiner Lehre wurde Gaspare Campari der *Maître licoriste* des bekannten Restaurants »Cambio«.

*Die Campari Bar in der Mailänder Galleria*

Nach dem tragischen Verlust seiner ersten Frau und seiner beiden Kinder verließ Gaspare Turin. Er heiratete erneut, und nach kurzem Aufenthalt in Novara ließ er sich 1862 in Mailand, der Geburtsstadt seiner zweiten Frau, nieder. Er führte ein recht bescheidenes Café, das »Duomo« gegenüber Mailands historischem Dom. Italien befand sich inmitten eines Vereinigungsprozesses, und die Stadt plante eine prachtvolle Einkaufspassage, die »Galleria«, in der Nähe des Doms. Dieses Vorhaben sollte Gaspare zum Vorteil gereichen, denn sein Besitz stand der geplanten Erschließung im Wege. Klugerweise lehnte er alle Abfindungsangebote ab und setzte seine eigenen Bedingungen durch: Er wollte unbedingt das erste Lokal am Haupteingang der »Galleria« besitzen.

Dort, im eleganten Café-Pâtisserie Campari, servierte 1867 Gaspares Frau Letizia seinen neuen Bitter, an dessen Verfeinerung, so wird vermutet, er jahrelang gearbeitet hatte. Anscheinend hatte er seit seiner Ankunft in Mailand verschiedene Experimente durchgeführt, zahllose Kräuter und Gewürze gemischt, bis er letztendlich sein einzigartiges Rezept gefunden hatte.

1867 wurde Davide Campari, Gaspares jüngster Sohn, als erstes Kind in der Galleria geboren, wo er auch die ersten 33 Jahre seines Lebens verbrachte und arbeitete. Es fiel ihm auf, daß konkurrierende Barbesitzer zunehmend ihr Personal schickten, um den eleganten Aperitif seines Vaters, bekannt als *Bitter all'uso d'Hollanda*, für den Wiederverkauf im eigenen Lokal zu kaufen. Er duldete das, freilich nur

## SERVIERVORSCHLÄGE

Grundsätzlich sollte Campari stets aus dem Kühlschrank kommen. Zitronensaft, -stücke oder -schale passen nicht zu diesem Aperitif-Bitter, statt dessen sollte immer Orange verwendet werden.

☆ 4 cl Campari auf großen Eiswürfeln

☆ 4 cl Campari auf Eis, dazu 2 cl kaltes Sodawasser

☆ 2 cl Campari, aufgefüllt mit 6 cl trockenem Sekt oder Spumante

☆ SHAKERATO: 5 cl Campari und ein Stückchen Orangenschale über große Eiswürfel in den Shaker geben, kräftig schütteln und den Drink sofort in das spezielle Shakerato-Glas abseihen

☆ AMERICANO: 3 cl Campari und 3 cl Vermouth Rosso im Aperitifglas auf Eiswürfel gießen, Orangenschale über dem Drink ausdrücken, umrühren und die Schale in den Drink geben

☆ NEGRONI: 2 cl Campari, 2 cl Vermouth Rosso und 2 cl Gin mit Eiswürfeln in ein passendes Glas geben, gut verrühren, etwas Orangenschale darüber ausdrücken und dazugeben, Sodawasser separat dazu servieren

unter der Bedingung, daß diese Bars ein Schild mit dem Hinweis anbrachten, daß sie den echten Campari Bitter verkauften. So schuf er ohne Absicht den mittlerweile weltbekannten Markennamen.

Eine bemerkenswerte Romanze machte den Namen Campari dann in vielen Ländern bekannt: Davide verliebte sich Hals über Kopf in die schöne Opernsängerin Lina Cavalieri. Er ließ ein Porträt von ihr anfertigen und verwendete es für die Campari-Werbung.

Davide war entsetzt, als ihm Lina unvermittelt erklärte, sie wolle für ein Sommerengagement nach Nizza. Verzweifelt suchte er nach einer Ausrede, um ihr folgen zu können. Seiner Familie erklärte er, da die Zeit gekommen sei, den Exportmarkt anzugehen, müsse er für

einige Monate nach Frankreich, um die erste ausländische Niederlassung in Nizza zu eröffnen. Dort verbrachte Davide seinen glücklichsten Sommer, doch bald war Lina erneut unterwegs, diesmal nach Moskau, wo sie überstürzt den Prinzen Sasa Bariatinskij ehelichte. Der liebeskranke Davide folgte ihr – und Rußland wurde zu Camparis zweitem Exportmarkt.

Ein Jahr und eine Scheidung später reiste Lina nach New York, wo ihr Ruf nach einem

*Lina Cavalieri*

Auftritt mit dem großen Caruso in der alten Metropolitan Opera schwindelnde Höhen erreichte. Diesmal heiratete sie einen Multimillionär, Robert W. Chanler. Die Ehe dauerte sieben Tage, dann ließ sich Lina zum zweiten Mal scheiden, und einmal mehr eröffnete sich dem betörten Davide ein neuer Exportmarkt.

Davide starb 1936, doch es war ihm gelungen, die Marke in großem Maße auszubauen. Er hatte den Aperitif seines Vaters von der Mailänder »Galleria« in die feinsten Lokale der Erde gebracht und Campari zum meistverkauften Bitter der Welt gemacht, eine Stellung, die er bis heute unangefochten innehat. Dies gelang ihm, indem er einen »Aperitif mit Stil« verkaufte und den früh erkannten Vorteil der Mischbarkeit mitverkaufte. Er hatte sich vielen anderen Bitter-Herstellern widersetzt, denen zufolge ein Bitter nur nach dem Essen zu trinken sei, und den Campari als Longdrink-Basis verkauft. Davide war – zu seiner Zeit – ein wahres Marketinggenie.

Im ersten Teil des Buchs ist Davide Camparis Plakat-Werbung zu sehen. Seine Nachfolger führten sie fort, erweiterten ihre Kampagnen jedoch um andere Aktivitäten. So wurde zum Beispiel die Campari-Straßenbahn eine Attraktion in vielen italienischen Städten, in Europa und sogar in den Vereinigten Staaten.

Campari war auch einer der ersten Getränkehersteller, der Sportwettkämpfe – vorzugsweise Fußball, Radfahren und einige Wintersportarten – sponserte.

### HERSTELLUNG

Produktionstechnisch ist Campari ein Kräuterlikör, obwohl auf dem Etikett das Wort »Bitter« hervorgehoben ist. Mit einem Magenbitter, wie man ihn in Deutschland kennt, hat er allerdings nichts gemeinsam. Zutaten wie Herstellungsverfahren sind Betriebsgeheimnis; bekannt ist nur, daß insgesamt 86 Kräuter, Wurzeln und Gewürze diesem Klassiker sein unverwechselbares Aroma geben. Die Zutaten aus aller Welt sind durchweg natürlichen Ursprungs; jegliche Chemie ist bei der Herstellung tabu. Auch das charakteristische Karminrot ist ein natürlicher Farbstoff, produziert aus getrockneten Schildläusen. Auf diese Weise pflegten schon die Inkas ihre Kleider zu färben, und dieser Farbstoff steckt übrigens auch in Lippenstiften ...

Den Campari-Zutaten werden in einer Lösung aus Wasser und Alkohol die Aromen entzogen. Die so entstandenen Extrakte werden untereinander gemischt und schließlich mit neutralem Alkohol, Kristallzucker und destilliertem Wasser zum Endprodukt vollendet.

*Die Campari-Straßenbahn*

Campari verfügt zwar über Fertigungsstätten in einigen Ländern, dort wird dieser Aperitif-Bitter allerdings immer nur vollendet und abgefüllt. Die Grundmischung kommt in jedem Fall aus Italien.

## CAMPARI SODA

In den letzten 120 Jahren hat sich Mailand einen Namen für Werbekunst gemacht, ein Gebiet, auf dem Campari sehr viel Einfluß ausübte. Als der Künstler De Pero 1932 die Campari-Soda-Flasche entwarf, betrachtete der alternde Davide Campari dies als seine letzte Möglichkeit, kreative Talente zu unterstützen. Das Ergebnis war die erste Fertigmischung. Ihre 100 ml fassende, kegelförmige Flasche ohne Etikett wurde sehr bald zu einem Klassiker.

Auch heute ist De Peros Flasche noch immer sehr beliebt. Campari mit Soda ist einer der beliebtesten Aperitifs der Welt, aber ein Privathaushalt verfügt fast nie über einen Soda-Syphon, mit dem sich die Mischung ideal bereiten läßt. In diesen Fällen ist das vorgemixte Getränk die ideale Lösung.

# CHAMBERY GAUDIN

## *Traditioneller Vermouth aus Savoyen*

**A**ls das Königreich von Savoyen im neunzehnten Jahrhundert zwischen Frankreich und Italien aufgeteilt wurde, kam der nördlichste Teil unter französische Herrschaft. Damals war es dort schon Brauch, trockenen französischen statt des süßen, im italienischen Teil Savoyens bevorzugten Vermouths herzustellen.

### HERSTELLUNG

Einige kleine Hersteller in der Nähe der Hauptstadt Savoyens, Chambery, entdeckten, daß in den nahegelegenen Alpen viele der für ihre Rezepte erforderlichen Kräuter wuchsen. Die in den Gebirgsausläufern und Tälern erzeugten Weine waren leicht und elegant, doch nicht sehr charaktervoll. Man verwendete sie als Basisweine für die Vermouthherstellung und destillierte sie auch zur Verstärkung des Vermouths. Die Würze erzielte man mittels Alpenblüten und -pflanzen, die von Schafhirten gesammelt und an der Sonne getrocknet wurden. Einige dieser Pflanzen wuchsen nur in großen Höhen und konnten lediglich während der kurzen Zeit der Schnee-

| AUF EINEN BLICK | |
|---|---|
| GRUPPE | *Versetzte Weine/Vermouths* |
| ZUSAMMENSETZUNG | *Weinmischung, Mazerate, Alkohol* |
| HERKUNFTSLAND | *Frankreich* |
| HERSTELLUNGSORT | *Chambery, Savoyen* |
| HAUPTABNEHMER | *Großbritannien, Japan, USA* |

schmelze gesammelt werden. Anschließend mazerierte man sie, damit ihr zartes, duftiges Aroma in den Wein übergehen konnte. Zusätzlich wurden noch weitere Baumrinden und Gewürze verwendet, darunter auch der als Heilpflanze genutzte Wermut.

Eine traditionelle, wenn auch nicht mehr so häufig wie früher erhältliche Marke ist der hier vorgestellte, besonders elegante Vermouth Gaudin. Dieser wird noch immer nach der althergebrachten Methode von Routin, einem Erzeuger von Obstgetränken, hergestellt.

## SERVIERVORSCHLÄGE

Chambery Gaudin besitzt eine blaßgoldene Farbe und ein elegantes Bukett mit Kräuter- und Blütennoten.

Chambery Gaudin wird wie folgt serviert:

☆ gut gekühlt, mit Zitronenschale

☆ ATTA BOY: 2 cl Chambery Gaudin, 4 cl Gin und 2 Tropfen Grenadinesirup in ein Rührglas auf viele Eiswürfel geben, gut verrühren und in ein gekühltes Cocktailglas abseihen

☆ auf Eis und mit Tonic Water, Soda oder Sprite als Longdrink

*Das Unternehmen Routin, Herstellungsort des Chambery Gaudin*

# CINZANO

## *Die Meisterbrenner*

D as Haus Cinzano gibt sein Gründungsjahr mit 1757 an, das Jahr, in dem die Familie Cinzano in eine offizielle Vereinigung aufgenommen wurde, die sie als »Universität der Meisterbrenner« bezeichnete. Würde aber statt dessen 1568 angegeben, als Antonio Cinzano in seiner Heiratsurkunde als Grundbesitzer und Hersteller von Heilauszügen ausgewiesen wurde, wäre das Unternehmen heute der Vermouth-Hersteller mit der längsten Tradition.

Im Jahr 1757 zog Cinzano in den neuen Betrieb auf der

| AUF EINEN BLICK | |
|---|---|
| GRUPPE | *Versetzte Weine/Vermouths* |
| ZUSAMMENSETZUNG | *Weinbasis, aromatische Auszüge, Zucker* |
| HERKUNFTSLAND | *Italien* |
| HERSTELLUNGSORT | *80 Prozent des Cinzano werden in Italien, 20 Prozent in Deutschland und Argentinien hergestellt.* |
| AUSZEICHNUNGEN | *Goldmedaillen: Florenz 1861, London 1862, Paris 1867 & 1889, Philadelphia 1876, Chicago 1883, Melbourne 1880, Buenos Aires 1900; päpstliche Auszeichnung von Pius X. im Jahr 1905 und Ernennung zum Hoflieferanten für Portugal, Rumänien, Italien, Spanien, Bulgarien, Schweden und Österreich.* |
| BESICHTIGUNGEN | *Gruppen nach Anmeldung willkommen; Besucher können in San Vittorio d'Alba die Cinzano-Archive, die Glassammlung und ein ehemals im Besitz des Königs von Savoyen befindliches Haus besichtigen.* |

Via Dora Grossa in Turin um, wo sich die Firma mit Wein und Getränken schnell einen Namen machte und ab Ende des 18. Jahrhunderts als Vermouthhersteller einen guten Ruf erwarb. Das Unternehmen entschloß sich recht früh zum Export und eröffnete bald darauf Vertretungen in Argentinien, Brasilien und den USA, in ganz Europa, Indien und einigen Ländern Afrikas und Asiens. 1863 öffnete Cinzano seine Keller inmitten der Weinberge von San Stefano Belbo und pachtete ein großes Gut in San Vitorio d'Alba von König Carlo Alberto von Savoyen. Das mittlerweile zum Hauptsitz avancierte Gut wurde 1893 gekauft. Zwei Jahre später beschäftigte Cinzano 250 Angestellte. Bis Mitte der 30er Jahre unseres Jahrhunderts erhöhte sich die Zahl der Beschäftigten auf 1500, ging zwischenzeitlich jedoch auf 200 zurück. Dank der Automatisierung und mit dem Einsatz moderner Technologien können diese 200 Angestellten ein größeres Volumen produzieren als ihre 1500 Kollegen zuvor. Von 1902 bis nach dem Zweiten Weltkrieg stellte Cinzano außerdem separat von der eigentlichen Produktion in Chambery/Frankreich einen französischen trockenen Vermouth her, den Mont Blanc.

## SERVIERVORSCHLÄGE

Cinzano Dry ist von sehr heller Farbe, hat ein Bukett von Blütennoten und ist angenehm trocken mit einem zarten Zitrusgeschmack

Cinzano Rosso ist eher dunkel bernsteinfarben als rot und hat einen süßen, aromatischen Geschmack

Cinzano Rosé besitzt eine ausgeprägte lachsrosa Farbe, ein Weinaroma mit deutlich erkennbarer Kamillenote und schmeckt ziemlich süß

Cinzano Bianco ist hell strohfarben. Er ist der süßeste und vollmundigste Aperitif der gesamten Reihe mit einem deutlichen Nachgeschmack von Nelken

Die Cinzano Vermouth-Arten werden am besten wie folgt serviert:

**Cinzano Dry**
☆ auf Eis mit einer Zitronenscheibe
☆ auf Eis mit Soda

**Cinzano Rosso**
☆ auf Eis mit einer Zitronenscheibe
☆ auf Eis mit trockenem Ginger Ale

**Cinzano Rosé**
☆ pur auf Eis
☆ auf Eis mit Tonic Water
(macht ihn trockener)

**Cinzano Bianco**
☆ auf Eis mit einer Zitronenscheibe
☆ auf Eis mit Bitter Lemon

### HERSTELLUNG

Cinzano gibt zu, im Lauf der Jahre etliche Veränderungen an den Rezepten vorgenommen zu haben. Wie bei den meisten anderen Herstellern, war auch der erste Vermouth von Cinzano rot und süß. Bei der Einführung des trockenen Vermouths im 19. und des eher süßen Bianco im 20. Jahrhundert wurde deshalb eine Anpassung der Rezeptur erforderlich. Die neuen Arten benötigten in der Tat weniger Kräuter und Gewürze. 1930 wurde die Rezeptur des Cinzano Rosso überarbeitet und enthielt nur noch 35 Bestandteile, wie Majoran, Thymian, Moschuskraut, Schafgarbe, Dictamon aus Kreta und *Achillea moscata*, ein Alpenkraut. Der elegantere und

leichtere Cinzano Dry benötigt weniger Geschmackszusätze und besteht aus nur 14 Zutaten, von denen Kamille und Rosenblüten-Blätter die wichtigsten sind. Der in den 1960ern eingeführte Cinzano Rosé besitzt im Vergleich zu den anderen einen wesentlich ausgeprägteren Weingeschmack, bei dem Kamille, Enzian und Zimt herauszuschmecken sind. Cinzano Bianco enthält die aromaprägenden Zutaten Wermutkraut, Enzian, Kamille und Grapefruitschalen; der Nachgeschmack verrät auch eine Nelkennote.

Anfang des 20. Jahrhunderts führte Cinzano die Richtlinie ein, die geschmacksgebenden Kräuter und Gewürze bei Spezialisten wie Alphonse Isnard in Paris, Tommaso Carraro in Turin und – nomen est omen – Carlo Erba in Mailand zu kaufen.

## SERVIER-VORSCHLÄGE

Cinzano ist wichtiger Bestandteil vieler bekannter Cocktails wie z. B.:

GIBSON: 1 cl Cinzano Dry und 5 cl Gin mit Eiswürfeln verrühren und in Cocktailglas abseihen

BOBBY BURNS: 3 ds Bénédictine, 3 cl Cinzano Rosso und 3 cl Scotch Whisky mit Eis verrühren, ins Cocktailglas abseihen, Zitronenschale darüber ausdrücken und dazugeben

TIZIANO: 2 cl Cinzano Bianco, 5 cl Wodka und 1 ds Angostura Bitter mit viel Eis schütteln, abseihen und im gut gekühlten Glas mit einigen Minzeblättern servieren

Heute werden alle Zutaten für die Vermouths von Cinzano vom internationalen Hauptsitz in Genf, Schweiz, eingekauft. Die Zentrale dosiert und mischt sie und verschickt sie an die verschiedenen Produktionsstätten. So wird eine gleichbleibende Qualität gewährleistet und die Geheimhaltung der Rezepte gesichert.

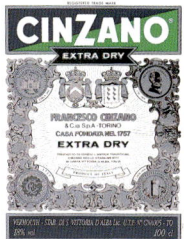

# CINZANO BITTER

Cinzano Bitter gleicht sehr stark dem weit bekannteren Campari Bitter, ist allerdings etwas leichter als jener. Er hat lediglich 22%vol., der Konkurrent dagegen 25. Cinzano Bitter hat einen aromatischen Geschmack und ist auch im Abgang noch deutlich bitter.

## HERSTELLUNG

Cinzano Bitter wird nach einem streng gehüteten Rezept aus Kräutern und Gewürzen hergestellt, wobei Enzian, chinesischer Rhabarber und Pfefferminze vorherrschen. Es werden sowohl Mazeration als auch Infusion angewandt. Die Auszüge werden mit Neutralalkohol, Zucker und reinem Wasser gemischt.

## SERVIERVORSCHLÄGE

Cinzano Bitter ist von tiefroter Farbe und besitzt ein ausgewogenes Kräuter- und Gewürzaroma. Der Nachgeschmack ist angenehm bitter. Am besten wie folgt servieren:

☆ auf Eis mit einer Zitronenspirale/Lemontwist

☆ auf Eis mit Soda oder Seven Up/Sprite

☆ ⅓ Cinzano Bitter mit ⅔ Orangensaft

 AUF EINEN BLICK

| | |
|---|---|
| GRUPPE | Kräuterliköre/Aperitif-Bitters |
| ZUSAMMENSETZUNG | Mazerate, Infusionen, Zucker und Wasser |
| HERKUNFTSLAND | Italien |
| HERSTELLUNGSORT | San Vittorio d'Alba |
| HAUPTABNEHMER | Spanien |
| BESICHTIGUNGEN | Gruppen nur nach Vereinbarung |

# CINZANO ORANCIO

Es dauert Jahre, bis ein Aperitif zu mehr als einer vorübergehenden Mode wird. Der 1995 eingeführte Cinzano Orancio scheint sich in den Märkten jedoch etablieren zu können.

## HERSTELLUNG

Cinzano bezeichnet den Orancio als aromatisierten Wein. Er enthält 75 Prozent Weißwein, Zucker, neutralen Alkohol und eine geheime Mischung von Kräutern und Gewürzen, in der Orangenschalen dominieren, aber kein Wermut enthalten ist.

### SERVIERVORSCHLÄGE

Cinzano Orancio ist goldfarben mit Bernsteintönen und besitzt ein zartes Bukett voller Kräuter- und Orangenschalen-Noten.

Er wird am besten wie folgt serviert:

☆ 2 cl Cinzano Orancio, aufgefüllt mit trockenem Sekt
☆ auf Eis mit einer Orangenschalen-Spirale
☆ auf Eis mit Soda und einer Orangenschalen-Spirale
☆ auf Eis und mit Mineralwasser aufgefüllt
☆ pur und gut gekühlt in einer Cocktailschale

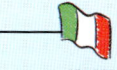 AUF EINEN BLICK

| | |
|---|---|
| GRUPPE | Weinhaltige Aperitifs |
| ZUSAMMENSETZUNG | Wein, Kräuter- und Gewürzauszüge |
| HERKUNFTSLAND | Italien |
| HERSTELLUNGSORT | San Vittorio d'Alba |
| HAUPTABNEHMER | Deutschland, Dänemark, Schweden, die Benelux-Länder und Italien |
| BESICHTIGUNGEN | möglich, aber für Gruppen nur nach Vereinbarung |

# COCCHI

## *Kleine Marke – große Geschichte*

Zwei der originellsten und exklusivsten italienischen Aperitifs wurden 1891 von Giulio Cocchi geschaffen: Cocchi Aperitivo Americano und Cocchi Barolo Chinato. Der in der Toskana geborene Cocchi reiste nach Norden in den Piemont und ließ sich in der für ihre Weine und Schaumweine berühmten Stadt Asti nieder. Hier baute er seine Keller und begann einen Handel. Heute gehört das Unternehmen der in Piemont hoch angesehenen Winzerfamilie Bava.

### APERITIVO AMERICANO

Aperitivo Americano ist ein klassischer Aperitif mit einzigartigem Aroma, in dem sowohl Weißwein als auch Orangenschalen zu schmecken sind. Der Begriff »Americano« stammt übrigens vom italienischen Wort *amaricante* ab, das »bitter« bedeutet.

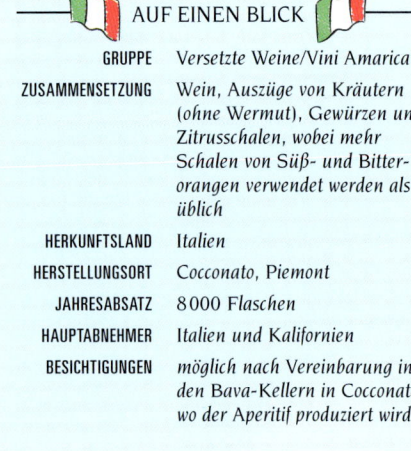

|  AUF EINEN BLICK | |
|---|---|
| GRUPPE | Versetzte Weine/Vini Amaricati |
| ZUSAMMENSETZUNG | Wein, Auszüge von Kräutern (ohne Wermut), Gewürzen und Zitrusschalen, wobei mehr Schalen von Süß- und Bitterorangen verwendet werden als üblich |
| HERKUNFTSLAND | Italien |
| HERSTELLUNGSORT | Cocconato, Piemont |
| JAHRESABSATZ | 8000 Flaschen |
| HAUPTABNEHMER | Italien und Kalifornien |
| BESICHTIGUNGEN | möglich nach Vereinbarung in den Bava-Kellern in Cocconato, wo der Aperitif produziert wird |

<table>
<tr><td>

## SERVIER-VORSCHLÄGE

Aperitivo Americano besitzt ein durchdringendes Weinaroma mit Spuren von Pomeranzen- und Orangenschalen.

Der Cocchi Aperitivo Americano wird wie folgt serviert:

☆ auf Eis mit Orangenscheibe

☆ als Longdrink mit Soda und Eis

☆ im Verhältnis 9:1 mit Campari Bitter

☆ im Verhältnis 9:1 mit Apfelsaft

</td></tr>
</table>

## HERSTELLUNG

Die vollständigen Einzelheiten der Herstellung dieses Aperitivo Americano sind nur den Erzeugern bekannt, aber es wird immerhin verraten, daß Bergkräuter, Blüten sowie Pomeranzen- und Orangenschalen zu den Zutaten gehören.

## BAROLO CHINATO

Barolo Chinato wurde 1891 zum erstenmal von Giulio Cocchi in Asti verkauft und entwickelte sich stetig zu einem bekannten Aperitif in den italienischen Provinzen Piemont, Ligurien und Lombardei. Cocchi baute eine Kette von fünf Produktionsstätten auf, jede mit einer eigenen Bar, die bekannt waren als »Bar Barolo Chinato Cocchi« oder kurz und bündig nur als »Bar Cocchi«. Eine davon ist noch immer in Asti zu sehen. Heute läßt Cocchi den bekannten Barolo-Wein fünf Jahre lang reifen, fügt dann Chinarinde (Chinin) und andere Kräuter und Gewürze hinzu,

*Das Unternehmen Cocchi in Asti im Piemont*

ehe diese Mischung dann nochmals mindestens fünf Jahre lang altern darf.

### HERSTELLUNG

Außer Barolo-Wein, Zucker und Alkohol enthält der Aperitif noch 24 weitere Zutaten. Die Mischung wird in alten Eichenfässern ein Jahr lang gealtert. Das Rezept ist lediglich den zwei Bava-Brüder Giulio und Paolo bekannt, und sie verraten nur, daß Kardamom, getrocknete Orangenschalen, chinesischer Rhabarber und Enzian dazugehören.

### SERVIERVORSCHLÄGE

Barolo Chinato besitzt einen subtilen Duft von Baumrinden mit einem dezenten Weinaroma und einen leichten, bitteren Nachgeschmack.

Cocchi Barolo Chinato wird wie folgt serviert:

☆ pur und kellerkühl

☆ auf Eis mit einer Orangenscheibe

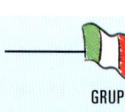 AUF EINEN BLICK

| | |
|---|---|
| GRUPPE | Versetzte Weine/Vini Chinati |
| ZUSAMMENSETZUNG | leicht aufgespriteter Barolo-Wein und eine Mischung aus Kräutern und Gewürzen |
| HERKUNFTSLAND | Italien |
| HERSTELLUNGSORT | Cocconato, Piemont |
| JAHRESABSATZ | 10000 Flaschen |
| HAUPTABNEHMER | Italien und Kalifornien |
| BESICHTIGUNGEN | möglich nach Vereinbarung in den Bava-Kellern in Cocconato, wo der Aperitif produziert wird |

# CYNAR

## Eine Medizin aus Artischocken

Im Jahr 1949 führte die Firma Pezziol aus Padua, Norditalien, eine Medizin auf Alkoholbasis mit Artischockenextrakt ein. Zwei Jahre später wurden schon über eine Million Flaschen jährlich verkauft, und der Hersteller entschloß sich, das erfolgreiche Getränk Cynar künftig als Bitter-Aperitif zu vermarkten. Zugleich wurde der Export angekurbelt, und die Schweiz – und etwas später Frankreich – wurden zu den ersten ausländischen Märkten.

Danach siedelte Cynar sein Stammhaus nach Termoli in die italienischen Abruzzen um. Der beliebte und vielseitige Bitter wird in 16 Länder exportiert und ist nach Campari und Suze die meistverkaufte Bitterspirituose auf der Welt.

Cynar ist nach dem lateinischen Namen der Artischocke, *Cynara scolymus*, benannt. Von der Artischocke ist seit dem Altertum bekannt, daß sie eine wohltuende Wirkung auf die Leber hat, weshalb der Cynar vor allem in seinem Heimat-

### AUF EINEN BLICK

| | |
|---|---|
| **GRUPPE** | Kräuterliköre/Amari |
| **ZUSAMMENSETZUNG** | Neutralalkohol, Artischocken-extrakt, aromatische Auszüge von Kräutern und Gewürzen, darunter Rhabarber sowie Orangenschalen und Enzian |
| **HERKUNFTSLAND** | Italien |
| **HERSTELLUNGSORT** | Termoli, Abruzzen |
| **JAHRESABSATZ** | 13 Millionen Flaschen |
| **HAUPTABNEHMER** | Italien, Frankreich, Schweiz, Brasilien, Japan |

land Italien gerne als Digestif, als verdauungsförderndes Getränk nach einem Essen, gereicht wird. Zugleich wirkt aber auch der in der Artischocke enthaltene Bitterstoff Cynarin galleabsondernd und damit appetitfördernd. Cynar ist also sowohl ein Aperitif als auch ein Digestif.

Seit Campari Bols Italia und damit die Markenrechte an Cynar erworben hat, wird die Marke als Amaro vermarktet. Das entspreche seinem Aussehen und Geschmack und weite die Verwendungsmöglichkeiten aus, heißt es bei der deutschen Tochtergesellschaft von Campari.

Aufgrund früherer Bestimmungen über den Mindestalkoholgehalt mußte Cynar für Deutschland früher mit 30%vol. hergestellt werden; seit diese Bestimmung aufgehoben ist, wird er auch hier in der Originalstärke von 16,5%vol. angeboten.

## SERVIERVORSCHLÄGE

Cynar hat einen sehr markanten Geschmack und ein Bukett mit medizinischem Aroma und Spuren von Fruchtschalen und Kräutern. Der Geschmack ändert sich je nach Art des Servierens, aber wenn pur auf Eis, ohne Mixer, getrunken, besitzt er einen süßlichen Zitrusgeschmack und einen leichten, bitteren Nachgeschmack. Cynar ist vielseitiger, als man annimmt. Er wird oft wie folgt serviert:

☆ pur, aber stets gut gekühlt

☆ auf Eis mit einer Zitronenscheibe

☆ mit einem guten Schuß Soda, Orangenscheibe und Eis

☆ im Verhältnis 1:1 mit Cola auf Eis mit Zitronenscheibe

☆ mit Tonic Water, Orangensaft oder Ginger Ale als Longdrink

## HERSTELLUNG

Wie das vieler anderer bekannter Aperitifs ist auch das Rezept für Cynar ein Geheimnis. Man weiß, daß er aus frischen Artischocken, Rhabarber, Schalen von Süßorangen und Pomeranzen sowie Enzian hergestellt wird und keine künstlichen Farbstoffe enthält.

*Artischocken verleihen Cynar seinen markanten Geschmack*

# DUBONNET

## Das Rezept eines Pariser Apothekers

Im 19. Jahrhundert litten viele von Frankreichs Soldaten in Nordafrika an Malaria. Dem Apotheker Joseph Dubonnet, der 1864 im Pariser Opernviertel einen Laden eröffnete, gebührt das Verdienst, den Soldaten der Kolonialmacht das Heilmittel Chinin schmackhaft gemacht zu haben. Er verkaufte nicht nur gängige Liköre, sondern schuf auch eigene Produkte, unter anderem ein Getränk auf Weinbasis, das er mit Chinarinde versetzte. Der Legende zufolge soll das Katzenbild auf dem Dubonnet-Etikett an die vielen Nächte erinnern, die Joseph der Forschung opferte, während seine Frau sie allein mit ihrer Katze verbringen mußte.

Joseph Dubonnet verstärkte Weiß- und Rotweine aus dem Roussillon und mischte sie mit größtenteils regionalen Kräutern und Gewürzen. Als er seinen neuen Aperitif auf Weinbasis

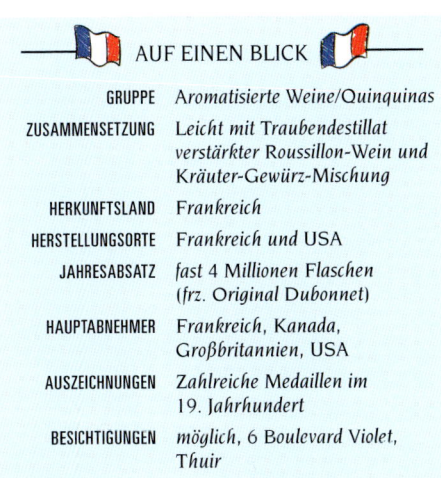

| AUF EINEN BLICK | |
|---|---|
| GRUPPE | Aromatisierte Weine/Quinquinas |
| ZUSAMMENSETZUNG | Leicht mit Traubendestillat verstärkter Roussillon-Wein und Kräuter-Gewürz-Mischung |
| HERKUNFTSLAND | Frankreich |
| HERSTELLUNGSORTE | Frankreich und USA |
| JAHRESABSATZ | fast 4 Millionen Flaschen (frz. Original Dubonnet) |
| HAUPTABNEHMER | Frankreich, Kanada, Großbritannien, USA |
| AUSZEICHNUNGEN | Zahlreiche Medaillen im 19. Jahrhundert |
| BESICHTIGUNGEN | möglich, 6 Boulevard Violet, Thuir |

in größerem Stil vermarktete, verlegte er seinen gesamten Betrieb nach Thuir, ins Vorgebirge der französischen Pyrenäen, wo noch immer weißer bzw. goldfarbener und roter Dubonnet hergestellt wird.

Um mehr Besucher nach Thuir zu locken, gab Dubonnet in den 30er Jahren das größte Faß der Welt bei einem Lothringer Meister namens Fruhinsholz in Auftrag. Wegen des Zweiten Weltkrieges wurde das Projekt erst 1950 realisiert, nach drei Jahren Arbeit. Das Riesenfaß steht in einer eigenen Halle, ist zehn Meter hoch, wiegt leer schon einhundert Tonnen und faßt den Inhalt von mehr als 1,3 Millionen Flaschen. Gefüllt wiegt dieses Rekordfaß aus 180 Eichen 1100 Tonnen – die Attraktion überhaupt in Thuir.

Nach dem Krieg traf Dubonnet ein Abkommen mit der amerikanischen Schenley Company, das den US-Importeuren die geschmackliche Anpassung des Getränks an amerikanische Vorlieben erlaubte. Später erwarb Schenley die Exklusivrechte für die USA, verbunden mit der Erlaubnis zur Herstellung eines eigenen amerikanischen Dubonnets mit anderer Verpackung und veränderter Rezeptur. Inzwischen ist die Heaven Hill Com-

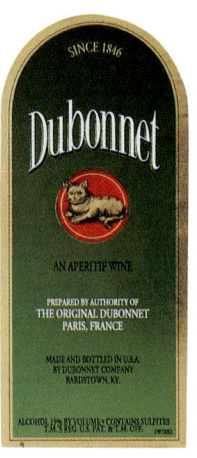

pany in Kentucky Inhaber der US-Marke und seither wird American Dubonnet in Kalifornien nach dem Originalrezept aus Frankreich hergestellt. Die veränderte Verpackung erinnert wieder an den französischen
Ursprung. Kanada importiert nach wie vor das französische Original.

### HERSTELLUNG

Zu den wichtigsten Zutaten gehören Chinarinde aus Peru, Zimt, Pomeranzenschalen, grüne Kaffeebohnen und Kamille. Ihre Aromen werden
ihnen in einem Verfahren entzogen, das sich mit dem Brühen von
Kaffee vergleichen läßt und als Perkolation bezeichnet wird. Diese
Auszüge werden einer Mistelle beigegeben, die schließlich mit der
gereiften Weinbasis zum Endprodukt gemischt wird. Die Süße stammt
ausschließlich aus den Trauben der verwendeten Rebsorten Grenache
und Carignan, Zucker wird nicht zugegeben. Nach mehrfachem Filtern
und abschließendem Stabilisieren der Mischung kann der Dubonnet
abgefüllt werden.

### SERVIERVORSCHLÄGE

Das Aroma von Dubonnet erinnert an
Kräuter und Wein, mit reichhaltigen, subtilen
Aromen. Im Bukett offenbart sich Vanille.
Dubonnet ist vollmundig und hinterläßt einen
reichen, süßen Nachgeschmack nach Kräutern.

Dubonnet wird am besten wie folgt serviert:

☆ BENTLEY: 3 cl Dubonnet Rouge und
3 cl Calvados mit reichlich Eiswürfeln gut
verrühren, in ein gekühltes Cocktailglas
abseihen

☆ auf Eis mit einer Zitronenscheibe

☆ auf Eis mit Bitter Lemon als Longdrink

Hinweis: Vier Teile Mixer mit einem Teil
Dubonnet reduzieren den Alkoholgehalt des
Aperitif-Drinks auf nur 3,7%vol.

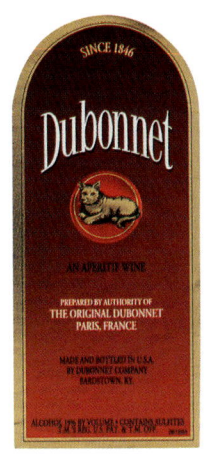

# KEO

*Aperitifs von den griechischen Inseln*

Das Unternehmen Keo wurde 1927 in Zypern gegründet, als es den ersten geregelten, 1893 von einer englischen Familie aufgebauten Winzerbetrieb übernahm. Später eröffnete Keo eine zweite Kellerei in Mallia und bald darauf die wichtigste in Limassol. Heute ist das Unternehmen mit 600 Angestellten größter Arbeitgeber auf der Insel.

## COMMANDARIA ST. JOHN

Im 12. Jahrhundert war Zypern ein beliebter Erholungsort für Kreuzritter vor und nach ihren Schlachten im Heiligen Land. Zypern wurde das Zentrum für die Templer und die »Hospitaliers«, bekannt als Ritter vom Orden des Heiligen Johannes. Sie entdeckten einen nicht nur sehr schmackhaften, sondern auch heilend wirkenden Wein, der am Fuße der Troodos-Berge erzeugt wurde, und nannten ihn – nach ihrem Hauptquartier – Commanderie.

### HERSTELLUNG

Die Bezeichnung »Cyprus Mana« ist älter als »Commanderie« und wurde zum ersten Mal im 8. Jahrhundert v. Chr. in Griechenland verzeichnet. Noch 2400 Jahre sollten jedoch verstreichen, bevor die erste detaillierte Beschreibung seiner einzigartigen Erzeugung niedergeschrieben wurde, als nämlich Etienne de Lusignan Commandaria St. John anno 1572 in seinem Buch *Beschreibungen der Insel Zypern* vermerkte:

## SERVIER-VORSCHLAG

Commandaria St.John besitzt eine goldbraune Farbe und einen intensiven Duft mit Spuren von Karamel. Commandaria gehört zur Gruppe der verstärkten Weine, die sowohl als Aperitif oder als Dessertwein getrunken werden.

☆ pur und kellerkühl

*Meze passen ideal zu Commandaria St. John und Ouzo*

»Es gibt eine gewisse Weinrebe … die Ende Juli reift, deren Trauben nicht vor Ende September gelesen werden. Sie (die Trauben) werden auf die Dächer gelegt … 3 Tage lang … dann zerstampft und vor der Gärung werden Kerne und Stengel entfernt.« Offensichtlich war dieser Autor zwar bei der Lese zugegen, sah jedoch anscheinend nicht das Alterungsverfahren: Der Wein wurde in große, *mana* genannte Tongefäße gefüllt, die dann in die Erde eingegraben wurden. Noch heute wird der Commandaria St. John auf sehr ähnliche Weise hergestellt, allerdings verstärkt man ihn seit zwei Jahrhunderten mit Traubendestillat.

### AUF EINEN BLICK

| | |
|---|---|
| GRUPPE | *Aperitifs auf Weinbasis* |
| ZUSAMMENSETZUNG | *Wein und Neutralalkohol* |
| HERKUNFTSLAND | *Zypern* |
| HERSTELLUNGSORT | *Kalo Chorio, Troodos-Berge* |
| JAHRESABSATZ | *300 000 Flaschen* |
| HAUPTABNEHMER | *Großbritannien, Schweden, Dänemark* |
| AUSZEICHNUNGEN | *Zahlreiche Goldmedaillen bei verschiedenen Ausstellungen, darunter Budapest 1958, Brüssel 1963, Jalta 1970, Leipzig 1971 und Club Oenologique, England, 1974 und 1978* |
| BESICHTIGUNGEN | *möglich, Rundgänge täglich um 10.00 Uhr* |

# KEO OUZO

Keo Ouzo ist ein vielseitiges Getränk, das als Aperitif üblicherweise mit einer Vielfalt von *meze* (Appetithäppchen) eingenommen wird.

## HERSTELLUNG

Ouzo hat Traubendestillat als Basis, wogegen der Pastis aus neutralem Alkohol hergestellt wird. Ouzo wird durch die Mazeration einiger aromatischer Pflanzen in Traubenalkohol und Destillation anderer, einschließlich Anis, in Brennkolben gewonnen. Das dem Anis entzogene Ölkonzentrat wird mit anderen Pflanzenauszügen und einer Zuckerlösung vermischt.

### SERVIERVORSCHLÄGE

Beim Mischen mit Eiswasser nimmt *Keo Ouzo* eine milchige Farbe an und entfaltet sein Anisaroma noch besser. Am Gaumen erinnert er an Kräuter und hinterläßt einen erfrischenden Nachgeschmack.

*Keo Ouzo wird üblicherweise wie folgt serviert:*

☆ *ein Teil Ouzo auf fünf Teile Wasser*

☆ *auf Eis mit schwarzem Johannisbeernektar, verschiedenen Fruchtsäften oder Limonade*

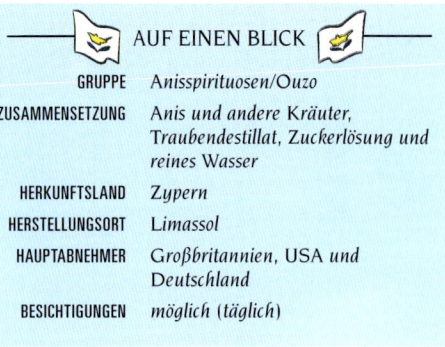

### AUF EINEN BLICK

| | |
|---|---|
| GRUPPE | Anisspirituosen/Ouzo |
| ZUSAMMENSETZUNG | *Anis und andere Kräuter, Traubendestillat, Zuckerlösung und reines Wasser* |
| HERKUNFTSLAND | *Zypern* |
| HERSTELLUNGSORT | *Limassol* |
| HAUPTABNEHMER | *Großbritannien, USA und Deutschland* |
| BESICHTIGUNGEN | *möglich (täglich)* |

# LILLET

## Bordeaux auf andere Art

Lillet, manchmal auch Lillé geschrieben, wurde 1887 zum ersten Mal im Dorf Podensac, in der Weinregion Graves bei Bordeaux, hergestellt. Er ist eine Schöpfung der zwei Brüder Paul und Raymond Lillet, die dort bereits 15 Jahre lang in der Weinerzeugung tätig waren. Mit großem Sachverstand verschnitten sie Weiß- und Rotweine mit Fruchtauszügen und entwickelten daraus einen weißen und einen roten Aperitif. Der Lillet feierte beachtliche Erfolge, aber wie bei vielen anderen Aperitifs ließ die Beliebtheit in den vergangenen zwei Jahrzehnten nach. Mehr als zweihundert Jahre nach seiner Erfindung erlebt er jetzt seine Wiederentdeckung.

Weißer Lillet, von den Herstellern als »französischer Aperitifwein« bezeichnet, ist weiter verbreitet als roter. Lillet, der einzige wichtige Aperitif auf der Basis von Bordeaux-Wein, wurde bereits um die Jahrhundertwende nach Amerika exportiert und zum Ende der Prohibition »wiederentdeckt«.

| | AUF EINEN BLICK |
|---|---|
| **GRUPPE** | Aromatisierte Weine |
| **ZUSAMMENSETZUNG** | Wein der AC Bordeaux, Alkohol, Auszüge von Früchten und Gewürzen |
| **HERKUNFTSLAND** | Frankreich |
| **HERSTELLUNGSORT** | Podensac, in der Nähe von Bordeaux |
| **HAUPTABNEHMER** | USA und Frankreich |
| **AUSZEICHNUNGEN** | Goldmedaille bei der International Wine and Spirit Competition, London, 1995 |
| **BESICHTIGUNGEN** | möglich, ganzjährig von Montag bis Freitag, von 15. Juni bis 15. September täglich |

## SERVIERVORSCHLÄGE

Lillet Blanc besitzt eine dunkelgoldene Farbe und ein Bukett von anfänglich blumigem Charakter, gefolgt von Zitrus- und unterschwelligem Minzearoma. Er ist frisch, spürbar weinhaltig und vollmundig im Geschmack. Das ziemlich lang anhaltende, durchdringende Aroma mündet in einen Nachgeschmack von Fruchtschalen.

Lillet Rouge ist tiefrot wie Wein und hat ein starkes Bukett von reifen Früchten und subtilen Gewürznoten. Er ist vollmundig und reichhaltig im Geschmack. Beide Lillets werden am besten wie folgt serviert:

☆ gekühlt, im Weißweinglas, entweder mit einer Zitronen- oder Orangenspirale

☆ LILLET SPECIAL: Zwei Tropfen Angostura-Bitter auf einen Eiswürfel ins Weinglas und darauf Lillet Blanc geben, garnieren mit einer Fruchtscheibe und einem Minzezweig

☆ auf Eis mit Tonic Water, Soda oder Sekt, garniert mit Orangenscheibe

Eine besondere »Luxus«-Version des Aperitifs, etikettiert als La Reserve Jean de Lillet, gibt es auch; von ihr wird behauptet, sie sei der einzige sortenreine Wein-Aperitif. La Reserve Jean de Lillet ist ein Verschnitt ausgewählter Weine und Fruchtliköre, wird in Eichenfässern gelagert und altert – was absolut ungewöhnlich ist für einen Aperitif – einige Jahre in der Flasche.

### HERSTELLUNG

Lillet Blanc wird aus Sémillon- und Sauvignon-Blanc-Trauben der Appellation Contrôlée Bordeaux hergestellt. Bestandteil sind vier bis sechs Monate lang in Alkohol mazerierte Früchte. Zehn auf diese Weise gewonnene Mazerate werden mit den Weinen gemischt. Diese Mischung setzt sich und reift sechs bis acht Monate lang. Der Wein macht 85, das Fruchtkonzentrat 15 Prozent der Gesamtmenge aus. Es werden keinerlei Kräuter oder Gewürze verwendet.

Lillet Rouge entsteht auf gleiche Art. Allerdings werden für diese Sorte Cabernet-Sauvignon- und Merlot-Trauben von den Weingütern um Bordeaux verwendet.

Auch La Reserve Jean de Lillet wird ähnlich hergestellt, aber sowohl in kleinen Eichenfässern als auch in Flaschen gealtert.

# MARIE BRIZARD
# GUIGNOLET

## Ein rarer Klassiker aus Frankreich

D ie Geschichte des Guignolet ist ungewöhnlich, denn er wurde gleichzeitig in verschiedenen Regionen Frankreichs als *aperitif paysan* (ländlicher Aperitif) aus unreifen Kirschen entwickelt. Später wurde er von einigen Firmen als Likör vermarktet, nach dem Krieg entschieden die Verbraucher, daß er sich am besten als Aperitif auf Eis genießen lasse. Heutzutage ist er nur noch schwer zu finden, und der bekannteste Guignolet kommt aus dem für seine Vielfalt an erstklassigen Likören weltbekannten Haus Marie Brizard.

### HERSTELLUNG

Die kommerziellen Hersteller von Guignolet erkannten schon bald, daß sie bessere Ergebnisse mit sauren und bittersüßen Arten natürlich gereifter Kirschen erzielten. So wird der Marie Brizard Guignolet zum Beispiel aus kleinen Sauerkirschen aus der Gegend um Lyon

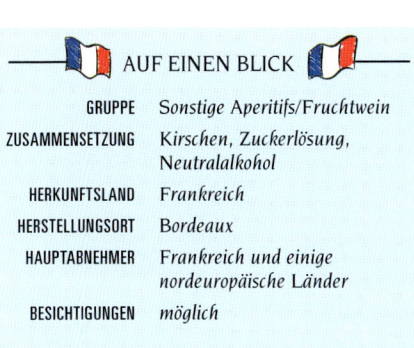

| AUF EINEN BLICK | |
|---|---|
| GRUPPE | *Sonstige Aperitifs/Fruchtwein* |
| ZUSAMMENSETZUNG | *Kirschen, Zuckerlösung, Neutralalkohol* |
| HERKUNFTSLAND | *Frankreich* |
| HERSTELLUNGSORT | *Bordeaux* |
| HAUPTABNEHMER | *Frankreich und einige nordeuropäische Länder* |
| BESICHTIGUNGEN | *möglich* |

und bittersüßen »Burlat Bigarreau«-Kirschen hergestellt, die aus der für ihre Weine berühmten Region Burgund stammen.

Zunächst werden die ganzen Kirschen 15 Tage lang in neutralem Alkohol mazeriert, wobei der »Tropfsaft« gewonnen wird. Dann werden die Früchte aus dem Mazerat genommen und mit ihren Kernen zerstoßen, wodurch der »Preßsaft« entsteht. Nun werden diese beiden Säfte gemischt und für einige Tage stehengelassen. Das entstandene Getränk wird gefiltert, leicht gesüßt und sofort abgefüllt. Guignolet ist ein völlig naturbelassenes Getränk ohne Zusatzstoffe. Einigen Guignolets wird noch Kirschwasser zugesetzt.

## SERVIERVORSCHLAG

Marie Brizard Guignolet ist von hellroter Kirschfarbe und fruchtigem Bukett. Am Gaumen entfaltet sich der delikate, bittersüße Geschmack, der in eine langanhaltende, leichte Süße übergeht.

☆ stets gut gekühlt oder auf Eis servieren

*Kirschblüte*

# MARTINI

## Der Riese im Markt

**M**artini & Rossi ist der Gigant unter den Herstellern von Vermouth und bereits seit seinem Gründungsjahr, das mit 1863 angegeben wird, ein wichtiger Erzeuger. Die Ursprünge des Unternehmens, das seit 1992 im Besitz des Konzerns Bacardi International ist, können jedoch bis in das Jahr 1847 zurückverfolgt werden, als vier betuchte Herren namens Michel, Re, Agnelli und Baudino ein Unternehmen mit dem Namen »Nationale Destillerie für Wein und Spirituosen« im damaligen Königreich Piemont und Sardinien gründeten. Bereits zu Anfang der 1850er Jahre florierte das Unternehmen mit seinen Niederlassungen auf Sardinien und in

 **AUF EINEN BLICK**

| | |
|---|---|
| **GRUPPE** | Versetzte Weine/Vermouths |
| **ZUSAMMENSETZUNG** | Weinmischung, Neutralalkohol, Mazerate |
| **HERKUNFTSLAND** | Italien |
| **HERSTELLUNGSORT** | Sämtliche Kräuter und Gewürze werden in Genf gemischt und dann an die Martini-Produktionsstätten in Italien, Spanien, Frankreich, Schweiz, Brasilien, Uruguay, Argentinien und Chile sowie zwei an unabhängige Lizenznehmer in Ungarn und Südafrika ausgeliefert |
| **HAUPTABNEHMER** | Italien, USA, Großbritannien, Rußland, Spanien, Frankreich und Deutschland |
| **AUSZEICHNUNGEN** | Zahlreiche Medaillen verschiedener Länder |
| **BESICHTIGUNGEN** | Das Martini-Unternehmen in Pessione und das Martini-Weinmuseum können nur nach Absprache besichtigt werden. |

Frankreich. Einen wichtigen Beitrag zu diesem Erfolg leistete der junge Geschäftsführer, Alessandro Martini, der sowohl über einen ausgeprägten Geschäftssinn als auch das Know-how der Wein- und Getränkeerzeugung verfügte, vor allem für Vermouth und Bitter. Zufälligerweise war er in den 30er Jahren des 19. Jahrhunderts zum *Maître licoriste* an der Seite des Aperitif-Pioniers Gaspare Campari in der Bar »Bass« in Turin ausgebildet worden.

*Alessandro Martini*

Bis 1863 war das Unternehmen umstrukturiert worden. Re war verstorben, und die drei anderen Gründungs-Direktoren hatten sich zurückgezogen. Die Nachfahren Agnellis wurden später mit ihrer Automobilfirma Fiat und dem Fußballverein Juventus Turin selbst berühmt. Allesandro Martini und der Neueinsteiger Teofilo Sola waren dem Aufsichtsrat beigetreten und hatten einen Weinexperten namens Luigi Rossi hinzugebeten, der ihnen bei der Entwicklung eines neuen Vermouths helfen sollte. Da Martini und Rossi 1863 ihre Zusammenarbeit begonnen hatten, nannte das Unternehmen dieses Jahr als Gründungsjahr. Man kann davon ausgehen, daß das Unternehmen bereits vor dieser Zeit einen Vermouth herstellte, doch gibt es keine zuverlässigen Belege dafür. Es gilt gemeinhin als Tatsache, daß Luigi Rossi für das Rezept des Martini Rosso (roter Vermouth) verantwortlich ist, der noch heute verkauft wird.

Weil die Konkurrenz auf dem italienischen Vermouth-Markt zu jener Zeit groß war, sollte Martini zur wichtigsten Exportmarke aufgebaut werden. Als Folge dieser Entscheidung siedelte das Unternehmen um in eine riesige neue Produktionsstätte in Pessione, südlich von Turin. Der Standort lag an der neuen Bahnstrecke von Turin nach Genua, und die Firma bekam die Genehmigung für eine eigene Nebenstrecke zur direkten Beladung der Waggons. Bald schon wurde an den Kais von Genua Vermouth für neue Märkte verschifft.

1871 zog sich Teofilo Sola aus dem Unternehmen zurück, das daraufhin den neuen Namen Martini & Rossi erhielt. Zu dieser Zeit hatte Alessandro Martini beschlossen, den Vermouth bei Wettbewerben in ganz Europa vorzustellen. 1865 gewann Martini eine Goldmedaille in Dublin, 1873 Gold in Wien und eine weitere Medaille bei der Weltausstellung in Paris 1878. Das brachte Publicity auf diesen wichtigen Märkten und verbesserte das Prestige der Marke auf dem Weltmarkt, denn eine Replik jeder neuen Medaille wurde umgehend auf dem jedesmal neu gedruckten Etikett abgebildet.

1997 wurde das Etikett des Martini Vermouth zum ersten Mal seit hundert Jahren umfassend neu gestaltet. Die obere Hälfte stellt noch immer einen Großteil der Unternehmensgeschichte dar, während die untere Hälfte ein zeitgenössischeres Aussehen bekam. Am oberen Rand ist Victoria, die mythologische römische Göttin des Sieges, abgebildet. Sie bläst ihre Fanfare über den Flaggen zahlreicher Länder, deren Märkte der Martini Vermouth erobert hat. Direkt unter Victoria befindet sich der Turiner Stier, das Traditionswappen der Stadt Turin und auch das italienische Königswappen.

## MARTINI EXTRA-DRY VERMOUTH

Viele Autoren haben zwar behauptet, der Martini Extra-Dry sei erst weit im 20. Jahrhundert entwickelt worden, doch beweisen neue Belege, daß diese speziell für Cocktails wichtige Sorte zum

ersten Mal 1890 eigens für den kubanischen Markt geschaffen wurde. Das Unternehmen versuchte dort, Marktanteile zu gewinnen, wurde jedoch vom Hersteller des trockenen Vermouths Noilly Prat stark unter Druck gesetzt. Der kubanische Vertreter von Martini schlug vor, das Unternehmen solle einen besonders trockenen weißen Vermouth als Konkurrenzprodukt auf den Markt bringen. Der Rat wurde befolgt, und die Reaktion war ausgesprochen freundlich. Nach etwa zehn Jahren wurde der Extra-Dry jedoch zurückgezogen und erst später auf internationaler Basis wieder vermarktet.

*Die alte Martini-Kellerei*

### HERSTELLUNG

Die Qualität von Vermouth ist Ende des 20. Jahrhunderts zweifellos besser als zur Mitte des 19. Jahrhunderts. Dies ist auf die beachtlichen Verbesserungen beim Anbau der Inhaltsstoffe und bei der Herstellung von Wein und neutralen Destillaten zurückzuführen. In den modernisierten Kellern in Pessione stellt Martini seinen Vermouth in zwei Phasen her. In der ersten werden die erforderlichen Geschmacksstoffe aus den Kräutern und Gewürzen gewonnen und dann zu einem Konzentrat verarbeitet. Zu den insgesamt etwa 50 aromatisierenden Zutaten gehören Beifuß, Zitronenblätter, Salbei, Sandelholz, Mastixdistel und Majoran. Sie werden zerstoßen und 15 bis 20 Tage lang in Alkohol ausgelaugt. In der zweiten Phase werden die von Martini & Rossi in der Emilia Romagna, Puglia und Sizilien ausgesuchten Weine zur Cuvée gemischt, gefiltert und mit einer Zuckerlösung versetzt. Dieser leicht schäumenden Grundwein-Mischung werden die zum Teil auch destillierten, verschiedenen Auszüge von Geschmackgebern und noch Weindestillat zugesetzt. Die Mischung wird in einer einwöchigen Kühlperiode stabilisiert.

Die Anzahl der Kräuter und Gewürze hängt von der jeweiligen Sorte ab. Der ebenfalls aus Weißwein gewonnene, mit Karamel gefärbte Rosso bekommt mehr Geschmacksträger als der weiße Extra-Dry.

## SERVIERVORSCHLÄGE

Martini Extra-Dry ist hell goldfarben und verfügt über ein elegantes Bukett mit blumiger Note. Herb am Gaumen, erinnert der Nachgeschmack an Fruchtschalen.

Martini Rosso ist bernsteinfarben und hat ein herb-süßes Bukett. Im lang anhaltenden Abgang werden Kräuter spürbar.

Martini Bianco ist hell goldfarben und hat ein leicht blumiges Bukett. Er ist relativ süß im Geschmack.

Martini Rosé ist lachsfarben und hat einen üppigen Weinduft mit subtiler Kräuternote.

Die verschiedenen Sorten werden am besten wie folgt serviert:

☆ auf Eis mit Zitronenscheibe

### Martini Extra-Dry

☆ BAMBOO: 3 cl Martini Extra-Dry, 3 cl Fino Sherry und 1 ds Orange-Bitter mit Eis verrühren und in ein Cocktailglas abseihen

### Martini Rosso

☆ PERFECT COCKTAIL: je 2 cl Martini Rosso, Extra Dry und Gin mit Eis verrühren und in ein Cocktailglas abseihen

### Martini Bianco

☆ JIGGER: 4 cl Martini Bianco auf Eis mit Bitter Lemon auffüllen

☆ auf Eis als Longdrink mit Tonic Water, Soda oder Seven Up

### Martini Rosé

☆ auf Eis

*Die verschiedenen Martini-Sorten*

# NOILLY PRAT

## Vermouth und ein Hauch Romanze

Im Jahr 1800 gründeten Joseph Noilly und sein Sohn Louis ein Handelsgeschäft in der kleinen Hafenstadt Marseillan, etwa 160 Kilometer östlich von Marseilles. Aus lokalen Weißweinen, einer Kombination von Kräutern und Gewürzen und jungem Destillat stellte Joseph den ersten französischen trockenen Vermouth her, der den süßen, in Turin seit mehr als einer Generation produzierten Sorten Konkurrenz machen sollte. Elf Jahre später übernahm Louis das Geschäft und hatte bald den »geheimnisvollen Engländer« Claudius Prat zum Partner. Das geschah 1813, dem auf dem Noilly-Prat-Etikett angegebenen Gründungsjahr.

Die Partnerschaft und der Name des Getränks waren das Ergebnis einer Romanze. Louis Noilly hatte eine sehr schöne, dunkeläugige Tochter, die die Aufmerksamkeit aller jungen Männer der Umgebung auf sich zog. Louis vermutete dahin-

| AUF EINEN BLICK | |
|---|---|
| GRUPPE | Versetzte Weine/Vermouths |
| ZUSAMMENSETZUNG | Weinmischung, Mistelle, Kräuterauszüge |
| HERKUNFTSLAND | Frankreich |
| HERSTELLUNGSORT | Marseillan |
| JAHRESABSATZ | 4,2 Millionen Flaschen |
| HAUPTABNEHMER | Frankreich, USA, Skandinavien |
| AUSZEICHNUNGEN | Silbermedaille International Weine & Spirit Competition 1996, London |
| BESICHTIGUNGEN | möglich |

ter eher Interesse an seinem Geld als an ihrer Person. Also ließ er bekanntwerden, daß jeder Mann mit Heiratsabsichten zunächst in seinem Weinhandel arbeiten müsse. Da Louis ein gestrenger Arbeitgeber zu sein schien, machten sich die jungen Verehrer aus Marseillan schnell aus dem Staub. Eines Tages erschien in der Kleinstadt ein junger Reisender aus England namens Claudius Prat, der Louis' bezaubernde Tochter kennenlernte und sich sofort verliebte. Er akzeptierte die von Louis gestellten Bedingungen, und zwei Jahre später, bei der Hochzeit des jungen Paares, wurden Schwiegervater und Schwiegersohn Partner.

### HERSTELLUNG

Noilly Prat French Dry Vermouth wurde als völlig originärer Vermouth vermarktet, da er sich in drei Punkten von anderen Vermouths unterschied. Die erste Änderung betraf die Rezeptur für die Extrakte, die zweite die verwendeten Weine, die dritte hing mit einem zusätzlichen Alterungsprozeß zusammen, der in der Region als *Vin cuit* (gekochter Wein) bekannt ist. Um einen Kontrast zu den bestehenden Turiner Vermouthsorten zu schaffen, wurde das Rezept für die im Noilly enthaltenen Kräuter und Gewürze um regionale Blumen und Früchte ergänzt. Der zweite Unterschied war die Verwendung von trockenen

*Noilly Prat wird ein Jahr lang im Freien in Eichenfässern gealtert*

Picpoul- und Clairette-Weinen aus dem Languedoc. Eine Mistelle wurde der Mischung als natürlicher Süßstoff beigegeben. Die Weine wurden nach dem Ausbau in kleine, 600 Liter fassende Eichenfässer gefüllt und darin ein Jahr lang im Freien sämtlichen Witterungseinflüssen ausgesetzt. Die örtlichen Winzer prägten dafür den Ausdruck *Vin cuit*, da der Inhalt der Fässer an heißen Tagen tatsächlich sehr warm wurde. Diese Methode stärkt aber Bukett und Geschmack des Weines. Es heißt, ein Jahr im Freien entspreche vier Jahren herkömmlicher Alterung. Wenn die Fässer dann wieder in die Keller gebracht wurden, verstärkte man den Wein, mischte ihn mit Auszügen von 20 verschiedenen Kräutern und ließ diese Mischung ein weiteres Jahr reifen. Alles in allem dauerte diese aufwendige Herstellung drei Jahre.

Besucher können bei Noilly Prat in Marseillan auch heute noch genau dieselben Herstellungsverfahren erleben wie vor 200 Jahren. Die einzige wirkliche Veränderung besteht darin, daß die regionalen Weine heutzutage von wesentlich besserer Qualität sind als damals.

Noilly Prat Red Vermouth wird in wesentlich geringeren Mengen vermarktet als der berühmte, trockene weiße Vermouth; in einigen Ländern ist er überhaupt nicht zu bekommen.

## SERVIERVORSCHLÄGE

Noilly Prat *ist hell goldfarben. Er duftet nach Wein und hat einige Blütennoten. Der Geschmack ist ausgeprägt frisch und trocken.*

*Noilly Prat wird am besten wie folgt serviert:*

☆ *mit Eis und einer Scheibe Zitrone in einem weiten Glas*

☆ MARTINI DRY: *5 cl Gin und 1 cl Noilly Prat mit Eiswürfeln gut verrühren und in ein gekühltes Cocktailglas abseihen; eine grüne Olive mit Stein in den Drink geben*

☆ WODKA MARTINI: *wie »Martini Dry«, aber mit Wodka statt Gin*

# PASTIS 51

## *Lakritz für Feintrinker*

D er Pastis 51 verdankt seinen Namen dem ersten Verkaufsjahr, 1951, und ist ein klassisches Beispiel für einen traditionellen, stark nach Süßholz (Lakritz) schmeckenden Pastis aus der Gegend um Marseille. Er gehört dem Unternehmen Pernod Ricard, das ihn als Alternative zu seinen Spitzenreitern Pernod und Ricard vermarktet.

### HERSTELLUNG

Die wichtigsten der vielen, überwiegend geheimgehaltenen Grundsubstanzen dieses Pastis sind Extrakte von Anis und Süßholz. Eine weitere bekannte Zutat sind Kolanüsse, die vielleicht auch zum geschmacklichen Unterschied zwischen Pastis 51 und seinen Mitbewerbern beitragen. Im Gegensatz zum destillierten Pernod ist Pastis 51 ein »Aufgesetzter«, das heißt, er wird durch Mischen in kaltem Zustand hergestellt. Pulverisiertes Süßholz

| AUF EINEN BLICK | |
|---|---|
| GRUPPE | *Anisspirituosen/Pastis* |
| ZUSAMMENSETZUNG | *Mazerate, Karamel, Neutralalkohol, Zucker und Wasser* |
| HERKUNFTSLAND | *Frankreich* |
| HERSTELLUNGSORTE | *Marseille und Créteil bei Paris* |
| JAHRESABSATZ | *6 Millionen Flaschen* |
| HAUPTABNEHMER | *Frankreich, Spanien und Italien* |
| BESICHTIGUNGEN | *möglich, Avenue Maréchal Foche, 94015 Créteil* |

wird in einer Mischung aus Anis-extrakt, Wasser, Alkohol und Zuk-ker mazeriert; die süße Note ist auf das Süßholz, den wichtigsten Be-standteil bei der Herstellung, zu-rückzuführen. Nach dem Mischen der Substanzen wird der Pastis 51 gefiltert und in Flaschen abgefüllt.

Eine Eigenheit des Pastis 51 ist die weltweite Vermarktung mit

*Süßholz*

einem Alkoholgehalt von 45%vol. (Ausnahme Belgien: 40%vol.). Nach Beimischung von Wasser im üblichen Verhältnis von 1:5 hat der Drink jedoch nur noch 9%vol.

# PASTIS JANOT

## Wegbereiter in Marseille

Pastis Janot ist eine echte Rarität unter den Anisées. Er stammt von einem kleinen Hersteller, der sein Erzeugnis in Marseiller Tradition, also mit leichter Süßholzfärbung und starkem Süßholzgeschmack, schon 1928 produzierte – einige Jahre bevor Paul Ricard den Pastis seiner Region berühmt machte. Janot wird noch immer in der familieneigenen Destillerie in Aubagne, östlich von Marseille, hergestellt.

### HERSTELLUNG

In der ersten Phase werden Kräuter und Gewürze (u. a. Sternanis, Süßholz, Koriander und Muskatnuß) drei Wochen lang in einer Mischung aus Alkohol, Wasser und Zucker mazeriert, was zu einem feinen Aroma und dem mundwässernden Geschmack führt. Das Endprodukt hat einen relativ hohen Alkoholgehalt von 45%vol.

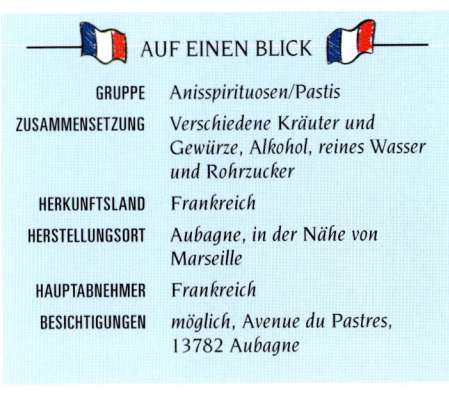

| AUF EINEN BLICK | |
|---|---|
| GRUPPE | Anisspirituosen/Pastis |
| ZUSAMMENSETZUNG | Verschiedene Kräuter und Gewürze, Alkohol, reines Wasser und Rohrzucker |
| HERKUNFTSLAND | Frankreich |
| HERSTELLUNGSORT | Aubagne, in der Nähe von Marseille |
| HAUPTABNEHMER | Frankreich |
| BESICHTIGUNGEN | möglich, Avenue du Pastres, 13782 Aubagne |

## SERVIERVORSCHLÄGE

Pastis Janot wird am besten wie die anderen klassischen Pastis getrunken, also ein Teil Janot auf fünf Teile Eiswasser.

Er kann aber auch wie folgt genossen werden:

☆ MAURESQUE: 4 cl Janot und 1 cl Mandelsirup auf Eis in ein Longdrink-Glas geben, mit Eiswasser auffüllen

☆ TOMATE: wie »Mauresque«, mit Grenadine statt Mandelsirup

☆ YELLOW STAR: 2 cl Janot mit 2 cl Crème de Bananes, 2 cl Gin, 1 cl Maracujasirup und 8 cl Orangensaft im Shaker schütteln.

☆ als Longdrink mit Seven Up oder Sprite

☆ mit Likör aus schwarzen Johannisbeeren

# PERNOD

## Der Absinth des Dr. Ordinaire

V or der Französischen Revolution flüchteten Tausende königstreuer Franzosen. Einer davon war ein älterer Herr mit Namen Ordinaire, ein pensionierter Naturwissenschaftler. Um 1790 ließ er sich in der Stadt Couvet nieder und nahm sich die Schaffung eines neuen Getränks unter ausschließlicher Verwendung der in seiner neuen Heimat vorkommenden Zutaten vor.

Nach langem Experimentieren lud er zur Probe seines *absinthe* ein, abgeleitet vom darin enthaltenen Wermut (lat. *Artemisia absinthium*). Auch der Anis spielte eine wichtige Rolle in seinem Rezept, das er seiner Haushälterin vermachte – nebst einer beachtlichen Summe und dem Ratschlag, sie solle es in eine Immobilie investieren, damit sie darin sowohl eine Produktionsstätte als auch eine Bar für den Absatz dieses neuen Getränks einrichten könne. Die Erbin hielt sich an seinen Rat

**AUF EINEN BLICK**

| | |
|---|---|
| **GRUPPE** | Anisspirituosen |
| **ZUSAMMENSETZUNG** | Anisöl aus Sternanis und Fenchel, mittels Destillation gewonnen, Mazerat von verschiedenen Kräutern, Alkohol, Zucker und Wasser |
| **HERKUNFTSLAND** | ursprünglich Schweiz, später Frankreich |
| **HERSTELLUNGSORT** | La Pernoderie, 120 Avenue du Maréchal Foch, 94015 Créteil |
| **JAHRESABSATZ** | 7,7 Millionen Flaschen |
| **HAUPTABNEHMER** | Frankreich, Deutschland, Großbritannien |
| **BESICHTIGUNGEN** | möglich (s. Herstellungsort) |

und bot das Getränk als »Dr. Ordinaire's Absinthe« an. Eines Tages kamen zwei andere französische Auswanderer, Major Henri Dubois und sein Schwager Henri-Louis Pernod, in die Bar und waren so begeistert von dem Getränk, daß sie später zurückkehrten, um das Geschäft zu kaufen. Die frühere Haushälterin nahm das Angebot an und setzte sich gut versorgt zur Ruhe.

*Die französischen Revolutionäre stürmen das Rathaus*

In der Zwischenzeit hatte sich die politische Situation in Frankreich stabilisiert, und königstreue Exilanten durften wieder heimkehren. Darunter waren auch Dubois und Pernod. Sie ließen sich in der Kleinstadt Doubs im bergigen Jura nieder, wo Anis leicht zu finden war, und begannen dort mit der Herstellung ihres Absinths.

Der verkaufte sich bald in ganz Frankreich. In der zweiten Hälfte des 19. Jahrhunderts zogen die großen Cabarets wie »Moulin Rouge« und »Folies Bergères« in Paris eine neue, reiche Generation an, und der einzigartige Absinth, der durch die Beimischung von Wasser milchig-trüb wurde, etablierte sich als letzter Schrei in der französischen Hauptstadt. Doch zu Beginn des 20. Jahrhunderts mehrten sich die Warnungen, daß Absinth bei übermäßigem Genuß zu permanenten geistigen Schäden führen könne, woraufhin das Getränk in Amerika und nach und nach in fast allen anderen Ländern der Welt (in Deutschland 1923) verboten wurde. Das ätherische Thuyonöl, Bestandteil der Wermutrinde, wurde als Auslöser für das Delirium tremens, für Lähmungen und mehr verantwortlich gemacht.

Die Pernod-Hersteller schufen daraufhin ein neues Getränk ohne Thujon, aber dem früheren Absinth im Aussehen doch ähnlich.

Im Rezept enthalten waren Anis, Fenchel, verschiedene aromatische Kräuter und eine kleine Menge leichten Süßholzextrakts. Mit dem neuen Etikett »Pernod Anise« begann die Vermarktung.

Plötzlich erhielt die Pernod-Familie die Nachricht, daß ein anderer, kleiner Aperitifhersteller in Südfrankreich – gleichen Namens, jedoch nicht verwandt – rechtliche Schritte unternommen habe, um die Verwendung des Namens zu unterbinden. Ein Gerichtsverfahren schien unumgänglich, bis der Familienanwalt der Pernods, Monsieur Hemard, einen bemerkenswerten Vorschlag unterbreitete: Er riet zu einer Partnerschaft zwischen den Parteien. Maître Hemard selbst wollte Aktionär sein. Das Geschäft wurde abgeschlossen, und das neue Pernod-Unternehmen konnte mit dem Verkaufen beginnen. Innerhalb weniger Jahre wurde die Herstellung des Aperitifs aus Südfrankreich eingestellt und sämtliche Bemühungen auf den »Pernod Anise« konzentriert. Heute ist der Enkel des vorausschauenden Rechtsanwalts, Daniel Hemard, Président-Directeur-Général des Pernod-Unternehmens innerhalb der Groupe Pernod Ricard.

## SERVIER-VORSCHLÄGE

Pernod hat ein aromatisches Bukett, wobei der Anisgeschmack am deutlichsten hervorsticht. Durch Zusatz verschiedener Mixer verändert sich der Geschmack entsprechend. Pernod-Genießer spalten sich in zwei Lager: jene, die ihn auf die traditionelle französische Art, also gemischt mit Eiswasser, trinken, und die Progressiven, die ihn als Longdrink mit verschiedenen Mixern genießen.

Servieren Sie Pernod wie folgt:

✰ traditionell: im Verhältnis 1:5 mit eiskaltem Wasser

✰ mit Eis und Wasser nach Belieben

✰ mit Cola, Bitter Lemon oder Orangensaft

✰ als Longdrink auf Eis mit weißer Limonade

## HERSTELLUNG

Grundstoff des Pernod ist Sternanis aus China und Vietnam, dessen Öl (Anethol) per Destillation gewonnen und dann in Frankreich erneut destilliert wird, um auch kleinste Unreinheiten zu eliminieren. Dieser Essenz werden Zucker, dreifach destillierter Alkohol und die destillierten Mazerate von Kräutern und Gewürzen zugesetzt. Neben vielen anderen Zutaten tragen Minze, Melisse, Koriander, Veronica, Kamille, Zimt, Nelken und Fenchel zum Pernod-Aroma bei; sie alle werden in Alkohol ausgelaugt und mit diesem dann noch gebrannt. Im Gegensatz zu den Pastis ist Pernod kein »Aufgesetzter«.

# PICON

## L'Amer Africain

Gaetan Picon wurde 1809 geboren. Nach seiner Lehre in Weinbrennereien in Aix, Toulon und Marseilles schloß er sich der in Algerien eingesetzten französischen Armee an. Hier, unter der brennenden Sonne Afrikas, schuf er seinen Magenbitter als Antwort auf das Bedürfnis der Soldaten nach einem durstlöschenden Getränk. Sein Bitter enthielt wenig Alkohol und schmeckte nach Orangenschalen, Chinarinde und Extrakten von bitteren Pflanzen; er wurde so erfolgreich, daß er 1837 seine erste Destillerie in jenem bescheidenen algerischen Dorf aufbaute, das später zur Stadt Philippeville wurde. Zu diesem Zeitpunkt nannte er sein Getränk Amer Africain. Weitere Brennereien entstanden in Constantine, Annaba (Bone) und Algier.

Als die französische Armee 1870 nach Frankreich zurückkehrte, nahm sie ihre Magenbitter mit, und Gaetan folgte dem Beispiel. 1872 gründete er ein Unternehmen am Boulevard

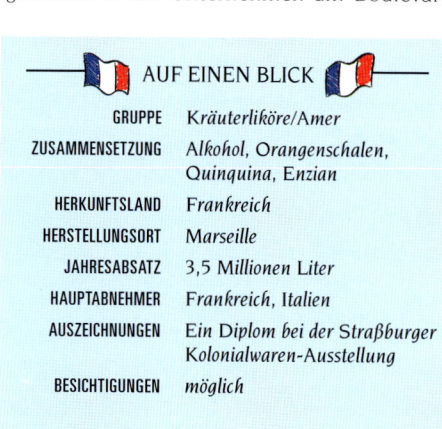

| AUF EINEN BLICK | |
|---|---|
| GRUPPE | *Kräuterliköre/Amer* |
| ZUSAMMENSETZUNG | *Alkohol, Orangenschalen, Quinquina, Enzian* |
| HERKUNFTSLAND | *Frankreich* |
| HERSTELLUNGSORT | *Marseille* |
| JAHRESABSATZ | *3,5 Millionen Liter* |
| HAUPTABNEHMER | *Frankreich, Italien* |
| AUSZEICHNUNGEN | *Ein Diplom bei der Straßburger Kolonialwaren-Ausstellung* |
| BESICHTIGUNGEN | *möglich* |

National in Marseille und produzierte das nun Amer Picon genannte Produkt. Seit 1995 gibt es Picon nach umfassenden Marktanalysen in zwei Varianten: als Picon Bière zum Mischen mit Bier und als Picon Club zum Mischen mit trockenem Weißwein.

### HERSTELLUNG

Frische Orangenschalen werden in Neutralalkohol mazeriert, mit trockenen Orangenschalen gemischt und destilliert. Die getrockneten Enzianwurzeln werden separat mazeriert, ebenso wie die Chinarinde (Quinquina). Das sind die drei wichtigsten Zutaten für das Getränk, dem außerdem noch Zuckersirup und Karamel zugesetzt werden.

*Ein Picon-Poster zum 100. Jahrestag des Unternehmens*

## SERVIERVORSCHLÄGE

Picon Bière *weist pur eine fast karamelbraune Farbe und einen eindeutigen Duft nach Früchten auf, wobei Orangenschalen überwiegen. Der Nachgeschmack ist bittersüß, leicht medizinisch. Die Sorte wurde entwickelt, weil es vor allem in Nordfrankreich üblich ist, Amer Picon mit Bier zu mischen. Sie wird wie folgt serviert:*

☆ PICON BIÈRE:
*3cl Picon und 22 cl Bier*

Picon Club *erfreut sich größerer Beliebtheit in den Weinanbauregionen Südfrankreichs, wo er mit Weißwein gemischt wird. Wie folgt servieren:*

☆ *ein Teil Picon auf fünf Teile Weißwein*

*Picon kann auch auf traditionelle Weise serviert werden:*

☆ *gekühlt auf Eis mit Tonic Water*

☆ *gekühlt auf Eis mit Soda*

☆ *gekühlt auf Eis mit einer Orangen- oder Zitronenscheibe*

# PIMM'S NO. 1

## *Eine gelungene Mischung*

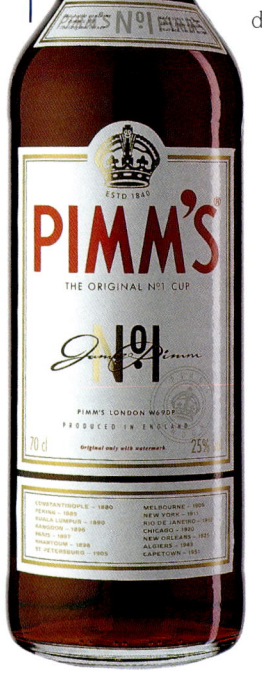

Im Jahr 1823 kaufte ein gewisser James Pimm die »Hogshead Tavern« im Londoner Geschäftszentrum und wandelte sie um in »Pimm's Oyster Bar«. Dort entwickelte er einen Haus-Drink auf Ginbasis mit Kräutern, bitteren und süßen Gewürzen. Ursprünglich wurde das Getränk lediglich offen an der Bar verkauft, doch ab 1859 auch in Flaschen zu je drei Schilling. 1865 verkaufte Pimm Bar und Markenrecht an Frederick Sawyer, der den Handel mit dem Getränk ausbaute und es exportierte. Pimm's wurde zum beliebten Aperitif bei Sportveranstaltungen in England.

1880 erwarb Horatio Davies, späterer Oberbürgermeister von London, das Geschäft. Es wurden verschiedene neue Ausführungen auf Basis unterschiedlicher Spirituosen geschaffen. Dies führte 1912 zur Eintragung von Pimm's No. 1 als Warenzeichen; No. 2 hatte Scotch, No. 3 Brandy, No. 4 Rum und Brandy, No. 5 Rye Whiskey und No. 6 Wodka als Basis. Heute wird hauptsächlich Pimm's No. 1 getrunken, nur der Pimm's auf Wodka-Basis, einst als No. 6 vor allem in den USA eine Alternative, spielt auch noch heute eine Rolle.

| AUF EINEN BLICK | |
|---|---|
| GRUPPE | Sonstige Aperitifs/Spezialität auf Ginbasis |
| ZUSAMMENSETZUNG | Gin, Kräutermischung, Likör, Wasser |
| HERKUNFTSLAND | Großbritannien |
| HERSTELLUNGSORT | Laindon, Essex |

## SERVIERVORSCHLÄGE

Pimm's No. 1 *ist eines der wenigen Getränke, die — wie Angostura Bitter — niemals pur getrunken werden. Der Geschmack erinnert an Kräuter und Fruchtschalen und ist bittersüß. Aufgrund der vielen Mischmöglichkeiten hängt der Endgeschmack von den jeweiligen Drinks, Mixern und weiteren Zutaten ab. Pimm's No. 1 gehört eigentlich nicht in eine bestimmte Kategorie von Aperitifs, sondern ist ein Readymix; von seinem Grundgeschmack her könnte man ihn aber in etwa bei den Bitters einordnen.*
*Pimm's wird gerne wie folgt serviert:*

☆ PIMM'S NO. 1 CUP:
*5 cl Pimm's No. 1 im speziellen Pimm's-Glaskrug auf 3 Eiswürfel geben und mit Seven Up aufgießen; je ¹/₂ Zitronen- und Orangenscheibe, 3 Cocktailkirschen, Apfel- und Gurkenschale in den Drink geben*

☆ PIMM'S ROYAL: *Zubereiten wie »Pimm's No. 1 Cup«, aber mit Champagner statt Seven Up aufgießen*

☆ PIMM'S AMERICAN:
*5 cl Pimm's No. 1 in einem großen Glas mit Ginger Ale auffüllen; mit Zitronenscheibe und Minzezweig garnieren*

### HERSTELLUNG

Die Ginbasis mit ihrem trockenen Geschmack entspricht Booth's London Gin aus dem 19. Jahrhundert. Dieser Basis werden die Extrakte verschiedener Kräuter und Früchte, reines Wasser und ein Likör beigefügt. Früher betrieben die Hersteller nebenbei einen Gewürzhandel, um Rückschlüsse von ihren Einkäufen auf die Pimm's-Zutaten zu verhindern. Das

gehütete Originalrezept ist nach wie vor gültig, nur der Alkoholgehalt wurde auf 25%vol. herabgesetzt.

# PUNT E MES

*Der Klassiker unter den Vermouths*

D as Haus Carpano wurde 1786 in Piemont, Italien, von Antonio Benedetto Carpano gegründet, der als Urheber des ersten Vermouthrezepts gilt. Er mischte ausgesuchten Weißwein mit einem alkoholischen Auszug von Wermut und anderen Kräutern und filterte diese Mischung nach damaliger Gepflogenheit durch die *cola* oder *calza*, ein feinmaschiges Tuch aus Leinen.

Daß daraus der heute oft klassisch genannte Punt e Mes wurde, ist einem Börsenmakler zu verdanken. Der saß an einem Abend des Jahres 1870 in der »Carpano«-Bar in Turin und huldigte der regionalen Sitte, normalen, süßen Vermouth nach Gusto mit Bitter zu mischen. Da an diesem Tag einige Notierungen an der Börse um eineinhalb Punkte gestiegen waren, bestellte dieser Gast ganz in Gedanken »punt e mes«, piemontesisch für »eineinhalb«. Der Drink wurde so serviert, schmeckte jenem zerstreuten Gast und schnell auch vielen anderen, wurde von Carpano dann nur noch in diesem Verhältnis hergestellt und damit zum individuellen Produkt.

| AUF EINEN BLICK | |
|---|---|
| GRUPPE | *Versetzte Weine/Vermouths* |
| ZUSAMMENSETZUNG | *Weine, Alkohol, Auszüge von mehr als 50 Kräutern und Gewürzen* |
| HERKUNFTSLAND | *Italien* |
| HERSTELLUNGSORT | *Turin* |

### HERSTELLUNG

Punt e Mes ist ein Vermouth mit einem deutlichen, bittersüßen Nachgeschmack von Orangen. Das Rezept – mit mehr als 50 Kräutern und
Gewürzen – soll zu gleichen Teilen, aber jeweils exklusiv unter drei
Personen aufgeteilt sein. Obwohl das Geheimnis bewahrt wird, ist
doch bekannt, daß es Wermut und eine Mischung von Pomeranzen-
und Orangenschalen enthält und wahrscheinlich auch verschiedene
Blüten, Wurzeln, Rinden und Nüsse.

### SERVIERVORSCHLÄGE

Punt e Mes *ist von dunkler Granatfarbe,*
*besitzt ein Bukett von bittersüßen*
*Fruchtschalen, die sich auch im vollmundigen*
*Geschmack widerspiegeln.*
*Der köstliche Nachgeschmack erinnert*
*ein wenig an Marmelade.*
*Wie folgt servieren:*

☆ *pur und gut gekühlt*

☆ *auf Eis mit einer Orangenscheibe*

☆ *auf Eis mit einer Orangenscheibe und Soda*

☆ *auf Eis mit Tonic Water*

☆ *auf Eis mit Ginger Ale*

# RICARD

## Bemerkenswertes Getränk eines beachtlichen Mannes

Im Jahr 1932 gründete der 23jährige Paul Ricard eine Firma in Marseille, um ein neues Getränk mit Anisaroma auf den Markt zu bringen. Dieser Aperitif wurde auf Alkoholbasis nach regionaler Tradition hergestellt, wobei Süßholz mit Sternanis, Fenchel und verschiedenen Kräutern der Provence gemischt und zuletzt mit Karamel gesüßt wird.

In Laufe seiner Karriere erlebte Ricard, wie das Unternehmen, das er mit Pernod zusammenbrachte, zu einem der größten Alkoholkonzerne der Welt wurde, dem neben anderen Jacob's Creek in Australien, Etchart in Argentinien, die Irish Distillers Group, Ricard und Suze in Frankreich sowie Ramazotti in Italien gehören.

Ricard verfügte über ein erstaunliches Talent, Aufmerksamkeit auf sein Produkt zu lenken. Schon 1948 hatte er die hervor-

| AUF EINEN BLICK | |
|---|---|
| GRUPPE | Anisspirituosen/Pastis |
| ZUSAMMENSETZUNG | Sternanis, Fenchel, Süßholz und andere Kräuter, Alkohol |
| HERKUNFTSLAND | Frankreich |
| HERSTELLUNGSORT | Die beiden Basisgetränke werden in Bessan in Frankreich hergestellt und in verschiedenen Ländern verschnitten. |
| JAHRESABSATZ | 96 Millionen Flaschen |
| HAUPTABNEHMER | Frankreich |
| BESICHTIGUNGEN | nicht möglich |

## SERVIERVORSCHLAG

Ricard *verfügt über eine dunklere Farbe als seine Konkurrenten; im Bukett sind Süßholz und Anis deutlich wahrnehmbar. Den vollmundigen Geschmack dominiert ebenfalls der Süßholzextrakt.*

*Der Ricard-Wasserkrug in der eigenwilligen Dreiecksform ist für den Pastis unerläßlich. In zehntausenden französischer Bars werden die Flaschen achtsam gestapelt, um so wenig Platz wie möglich zu vergeuden. Dadurch können die Ober jedem Gast umgehend perfekt gekühltes Wasser zum klassischen Ricard-»Gedeck« servieren. Der Hersteller macht folgenden Serviervorschlag für seinen Pastis:*

☆ *ein Teil Ricard auf fünf Teile Wasser*

ragende Idee, der Tour de France eine Ricard-Präsentation anzuschließen, die einen Monat lang von Stadt zu Stadt zog. Bis die Radfahrer, ihre Teams, die Fans und Massen von Journalisten ankamen, kannte jedermann den Namen Ricard. Als 1956 die französischen Truppen in Ägypten während der Suezkrise wegen Benzinmangels nicht mit alkoholischen Getränken versorgt werden konnten, heuerte Paul Ricard Karawanen an, die den durstigen Legionärstruppen den heißersehnten Pastis brachten. Zehn Jahre später gründete er die Ricard-Stiftung für Ozeanographie, und 1970 eröffnete er die Paul-Ricard-Rennstrecke, auf der heute um den französischen Grand Prix gefahren wird. Im Jahr 1984 wurde die milliardste Flasche Ricard verkauft. In der Liste der 100 weltweit meistverkauften Spirituosen steht Ricard mit einem Jahresabsatz (1996) von gut 96 Millionen Flaschen hinter Bacardi und Smirnoff Wodka auf Platz 3.

### HERSTELLUNG

Die Herstellung von Ricard umfaßt vier Schritte. Die beiden ersten finden in der Niederlassung in Bessan, Südfrankreich statt. Dabei werden dem Fenchel und Sternanis die natürlichen Öle für die Herstellung des Basisgetränks entzogen. Die Süßholzwurzeln werden zerstoßen und in einem geschlossenen Behälter auf ein Sieb gelegt, wo durch kontinuierliches, intensives Übergießen mit Wasser und Alkohol der Pflanze die natürlichen Säfte entzogen werden. Das Verfahren heißt in der Fachsprache Perkolation. Dieser Extrakt gibt dem Ricard seine

Bernsteinfarbe. Die Basisgemische werden von Bessan in die Produktionszentren in Frankreich und im Ausland versandt, wo die dritte Herstellungsphase beginnt. Die beiden Grundzutaten werden mit verschiedenen aromatischen Kräutern, zweifach destilliertem, neutralem Alkohol, reinem Wasser, einer Zuckerlösung und Karamel verschnitten. In dieser Phase werden die Kräuter in Alkohol mazeriert und gemischt. Zum Schluß wird das Getränk der Reinheit wegen dreifach gefiltert.

# RICCADONNA

## *Von Piemont nach Rußland*

O ttavio Riccadonna gründete seine Firma 1921 in Canelli, im Herzen der Weinanbauregion Asti, um Vermouth und Schaumwein herzustellen. In den 30er Jahren stießen andere Familienmitglieder hinzu, und die Firma Riccadonna erlebte eine solche Blüte, daß sie sogar eine Produktion in Südamerika aufnehmen konnte.

Bis Mitte der 60er Jahre war Riccadonna drittwichtigster Vermouth, wurde eigens im Fernsehen beworben, verfügte über ein Produktionsvolumen von etwa 24 Millionen Flaschen jährlich und wurde in 35 Länder exportiert.

In den frühen 60ern erließ Präsident Chruschtschow in der damaligen Sowjetunion ein Gesetz zur Eindämmung des übermäßigen Alkoholkonsums. Besondere Sorge bereitete ihm der

| AUF EINEN BLICK | |
|---|---|
| GRUPPE | *Versetzte Weine/Vermouths* |
| ZUSAMMENSETZUNG | *40 Kräuter und Gewürze, Wein und neutraler Alkohol* |
| HERKUNFTSLAND | *Italien* |
| HERSTELLUNGSORT | *Canelli* |
| HAUPTABNEHMER | *Italien, Dänemark, Schweiz und einige osteuropäische Länder* |
| AUSZEICHNUNGEN | *Zahlreiche Goldmedaillen in Turin, Klosterberg, Sofia und Ljubljana, 1943 die päpstliche Auszeichnung von Pius XII.* |
| BESICHTIGUNGEN | *am Wochenende möglich* |

sehr hohe Wodkaverbrauch, also suchte er nach einem passenden Ersatz mit wesentlich niedrigerem Alkoholgehalt. Eine Delegation besuchte Piemont, um einen Partner für die Produktion zu finden: Russische Wissenschaftler hatten ein Ultraschallverfahren entwickelt, mit dem sich die Zeit zur Gewinnung der für Vermouth charakteristischen Extrakte von 40 Tagen auf 45 Minuten reduzieren ließ. Die Produktion begann 1962, und die Partnerschaft mit Riccadonna dauerte bis in die späten 80er Jahre; über eine Fortsetzung wird verhandelt.

Heute ist Riccadonna nach kurzem Gastspiel bei anderen Inhabern wieder in den Händen eines Ottavio Riccadonna, dem Enkel des Gründers. Das Unternehmen produziert noch immer Extra Dry White, Bianco und Rosso. Für den italienischen Markt wird auch eine kleine Menge Vermouth a l'Orange hergestellt.

## SERVIER-VORSCHLÄGE

Die Vermouthsorten von Riccadonna sind leicht und elegant mit einem zarten, feinen Duft, der möglicherweise auf das erwähnte Ultraschallverfahren zurückzuführen ist. Um diesen Duft und das zarte Aroma zu erhalten, werden sie am besten mit geschmacklich nicht allzu ausgeprägten Mixern verlängert. Die verschiedenen Sorten können wie folgt serviert werden:

**Riccadonna Extra Dry:**

☆ auf Eis mit einer Zitronenscheibe

☆ auf Eis mit Tonic Water

**Riccadonna Bianco:**

☆ auf Eis mit einer Zitronenscheibe

☆ auf Eis mit Bitter Lemon

**Ricadonna Rosso:**

☆ auf Eis mit einer Zitronenscheibe

☆ auf Eis mit trockenem Ginger Ale

### HERSTELLUNG

Riccadonna macht am wenigsten Geheimnis um die Herstellung und gibt auch Details der Mischung von 40 verschiedenen Kräutern und Gewürzen – einige davon Alpenwiesenkräuter, andere exotischer Herkunft – preis. Selbstverständlich werden keine Mengenangaben gemacht. Die

Zutaten reichen von Hibiskusblüten und Rosenblättern bis hin zu Ingwer, Muskatnuß, Zimt, Safran, Pomeranzenschalen, Sternanis, Enzian und anderen, bei der Herstellung von Vermouth gebräuchlichen Inhaltsstoffen. Das mittlerweile weiterentwickelte russische Ultraschallverfahren bleibt auch weiterhin eine exklusive Besonderheit. Das Unternehmen verschneidet die gewonnenen Extrakte mit weitgehend neutralen Weinen aus Puglia und Sizilien. Weisen diese geschmackliche Eigenschaften auf, die nicht zu den Kräuter- und Gewürzaromen passen, wird zu ihrer Veränderung ein spezielles Verfahren (Bentonit-Verfahren) angewandt. Wie andere Vermouthmarken auch, wird Riccadonna durch den Zusatz von relativ geschmacksneutralem Alkohol verstärkt.

*Moderne Apparate für die Extraktion der Aromastoffe bei Riccadonna*

# ROSSO ANTICO

## Ein ganz besonderes Rot

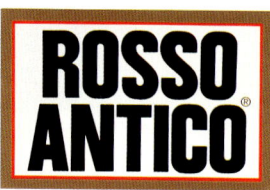

Der italienische Aperitif Rosso Antico, wörtlich mit »Antik-Rot« zu übersetzen, könnte genausogut den Namen »Rosso Moderno« tragen, denn 1974 paßten die Inhaber, das Bologneser Unternehmen Buton, das Rezept dem Zeitgeschmack an. Die Farbe hat sich aber nicht verändert: Rosso Antico ist nach wie vor typisch rubinrot.

Der große Erfolg des Aperitifs in ganz Europa in den 70er Jahren wurde deutlich gemacht mit einer ganzen Reihe nichtitalienischer Persönlichkeiten, die damals Werbung für die Marke machten. Man assoziierte den französischen Schauspieler Fernandel und den Sänger Charles Aznavour mit Rosso Antico. Die Marke pflegte ein kultiviertes Image, und man war stolz auf die Verbindung mit international bekannten Künstlern wie Pietro Annigoni und Salvador Dalì.

### AUF EINEN BLICK

| | |
|---|---|
| GRUPPE | Versetzte Weine/Vini Amaricati |
| ZUSAMMENSETZUNG | Weinmischung, Kräuter- und Gewürzauszüge, Traubendestillat und Zucker |
| HERKUNFTSLAND | Italien |
| HERSTELLUNGSORT | Bologna |
| JAHRESABSATZ | 2,4 Millionen Flaschen |
| HAUPTABNEHMER | Griechenland, Australien und Belgien |

Annigoni schuf das typische Rosso-Antico-Glas (*coppa*), der große Dalì lieferte die Entwürfe für drei individuelle Flaschen.

### HERSTELLUNG

Rosso Antico ist ein aromatisierter, leicht verstärkter Wein. Er wird aus einem Verschnitt von fünf verschiedenen Weinen hergestellt, von denen der Ancellotta Rosso aus der Region Reggio Emilia vielleicht der wichtigste ist, da er das Gleichgewicht der tiefroten Farbe des Getränks beeinflußt. Diese Mischung macht 75 Prozent des Endvolumens aus; ihr werden, in unterschiedlicher Dosierung, 32 Kräuter und Gewürze (u. a. Salbei, Thymian, Rosmarin, Wacholder, Chinarinde und chinesischer Rhabarber) hinzugefügt. Die Extrakte werden sowohl durch Mazeration in Traubendestillat als auch durch Infusion gewonnen. Pomeranzen- und Orangenschalen dominieren.

### SERVIER-VORSCHLÄGE

Rosso Antico ist rubinrot, hat ein eindeutiges Kräuteraroma mit Zitrus- und Vanillenoten. Er ist bittersüß mit einem angenehmen Nachgeschmack von Fruchtschalen und Gewürzen.

Auf traditionelle Art wird der Rosso Antico wie folgt serviert:

☆ Einen Zitronenschnitz in der Mitte etwas einschneiden und damit den Glasrand befeuchten; das Glas in einen Unterteller mit Zucker tauchen, leicht abklopfen. Eis in das Glas geben, kühlen Rosso Antico daraufgießen und eine Orangen- oder Zitronenscheibe dazugeben.

☆ auf Eis mit einer Orangenscheibe

*Eine Orangen- oder Zitronenscheibe erhöht das Aroma des Rosso Antico*

# ST. RAPHAËL

## Die Soldaten und der Heilige

In den 150 Jahren seines Bestehens war der St. Raphaël immer Hauptkonkurrent von Dubonnet. Beide Aperitifs wurden um 1840 als Malaria-Prophylaktikum für die französischen Truppen in Nordafrika geschaffen. Sowohl Joseph Dubonnet als auch Alphonse Juppet, der Schöpfer des St. Raphaël, wollten als erster ein solches Getränk herstellen – Dubonnet gewann. Bei seinen Versuchen mit Kräutern und Gewürzen, die den bitteren Geschmack des Chinins übertönen sollten, verlor der Arzt Juppet zunehmend an Sehkraft. Um seine Aufgabe dennoch vollenden zu können, betete er zu Sankt Raphaël, dem Schutzheiligen der Blinden und Apotheker. Sein Gebet wurde erhört, und zum Dank dafür nannte Alphonse Juppet seinen Aperitif St. Raphaël – der Erzengel ziert noch immer das Etikett.

### HERSTELLUNG

St. Raphaël ist das Ergebnis einer Vermischung von hochwertigen Weinen aus Languedoc und Rousillon mit aromatischen Pflanzen, unter anderem Chinarinde, Bitterorangen-Schalen, Vanille, Kakao und Zichorie. Die werden mazeriert und mit Mistelle gemischt. Mit den entspre-

**AUF EINEN BLICK**

| | |
|---|---|
| GRUPPE | Aromatisierte Weine/Quinquinas |
| ZUSAMMENSETZUNG | Weinmischung, Mistelle, Mazerate |
| HERKUNFTSLAND | Frankreich |
| HERSTELLUNGSORT | Paris |

chenden Weinen (Rotweine für Rouge, Weißweine für den Doré-Gold) wird die aromatisierte Mistelle dann je nach Zusammensetzung zum roten oder goldfarbenen St. Raphaël.

*Werbeplakat für St. Raphaël Quinquina aus dem Jahr 1939*

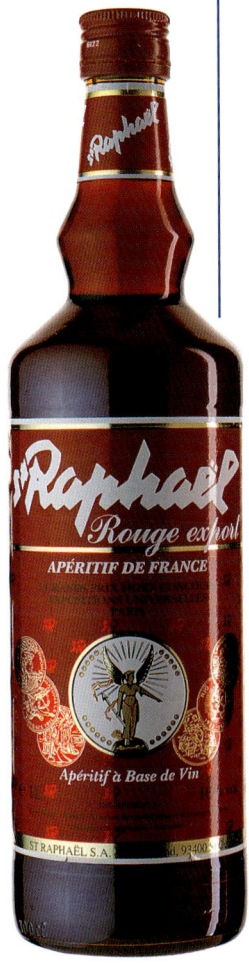

## SERVIERVORSCHLÄGE

St. Raphaël Doré-Gold *ist hellgolden und hat ein elegantes Bukett mit subtilen Blütennoten. Am Gaumen ist der Geschmack von Fruchtschalen spürbar, der Abgang ist süßlich und kräuterig.*

St. Raphaël Rouge *hat eine Farbe wie dunkler Rotwein und ein intensives Bukett. Er ist außergewöhnlich vollmundig im Geschmack und läßt im Abgang deutlich Kräuter durchschmecken.*

*St. Raphaël kann wie folgt serviert werden:*

☆ *gekühlt mit Zitronen- oder Orangenscheibe (beide)*

☆ *aufgegossen mit trockenem Champagner (beide)*

☆ *ANGEL: 4 cl St. Raphaël Rouge und 2 cl Wodka mit Eis rühren*

☆ *als Longdrink mit Bitter Lemon (Rouge), Tonic Water oder Soda*

# SUZE

## Der Lieblingsaperitif von Suzanne

O bwohl Suze offiziell erst 1889 als Marke auf den Markt kam, können seine Ursprünge bis 1795 zurückverfolgt werden, als Fernand Moureaux ein gesundes, aber nicht auf Wein basierendes Getränk schaffen wollte. Wein war ihm zu unsicher, weil die Qualität von Jahr zu Jahr variierte. So erfand er den Suze, einen Aperitif auf Enzian-Basis. Die Ursprünge des Namens »Suze« sind jedoch weniger eindeutig. Es heißt, der Drink sei nach Fernand Moureaux' Schwägerin Suzanne benannt, die »Suze« gerufen wurde und »une gentiane« als Aperitif bevorzugte. Einer anderen Version zufolge brachte Moureaux das Rezept für seinen Aperitif – und auch gleich den Namen dafür – aus der Schweiz mit nach Hause.

### AUF EINEN BLICK

| | |
|---|---|
| GRUPPE | *Kräuterliköre/Aperitif-Bitters auf Enzianbasis* |
| ZUSAMMENSETZUNG | *in Alkohol mazerierte Wurzeln vom Enzian, destillierte Mazerate verschiedener Kräuter, Zucker und Wasser* |
| HERKUNFTSLAND | *Frankreich* |
| HERSTELLUNGSORT | *Créteil* |
| JAHRESABSATZ | *863 000 Liter* |
| HAUPTABNEHMER | *Frankreich, Spanien, Schweiz, Benelux* |
| AUSZEICHNUNGEN | *Zahlreiche; die wichtigsten Medaillen von Ausstellungen in Turin (1911), Paris (1931) und Brüssel (1935)* |
| BESICHTIGUNGEN | *möglich, für Gruppen nach Terminvereinbarung* |

## SERVIER-VORSCHLÄGE

*Suze besitzt eine klare Bernsteinfarbe und ein vielschichtiges Kräuterbukett. Der Geschmack ist üppig, der deutliche Nachgeschmack ist durchdringend und trocken. Suze wird am besten wie folgt serviert:*

☆ *pur auf Eis im Tumbler*

☆ *aufgefüllt mit Sekt, Tonic Water oder Soda*

☆ *1/3 Suze und 2/3 Orangensaft auf Eis in hohem Glas mit schwerem Boden*

*Enzianwurzel-Ernte mit dem »Teufelszack«*

Suze ist der Enzian-Aperitif schlechthin. Obwohl bei der Herstellung weitere aromatische Pflanzen verwendet werden, ist *Gentiana lutea* wichtigster Bestandteil. Die wegen ihrer Farbe auch Gelber Enzian genannte Pflanze wurde nach König Gentius von Illyrien benannt, der 172 vor Christus lebte und als erster den medizinischen Wert dieser Pflanze erkannte und auch nutzte.

### HERSTELLUNG

Enzian wächst in den Bergen des Jura und der Auvergne. Für die Herstellung des Getränks verwendet man die Wurzeln. Diese werden im Herbst geerntet und sind derart fest im Boden verankert, daß eine besondere zweizinkige Gabel, bekannt als »Teufelszack«, zum Herausziehen verwendet wird. Daraufhin werden die Wurzeln gereinigt und in das Unternehmen nach Créteil gebracht, wo sie sortiert und, grob gehäckselt, in Alkohol mazeriert werden. Nach drei bis vier Jahren wird der Alkohol mit Enziangeschmack zweifach destilliert und dann mit anderen, ebenfalls mazerierten Kräutern gemischt. Die letzte Filterung garantiert Reinheit und transparente Farbe.

# WARNINKS ADVOCAAT

## Ein Aperitif aus Amsterdam

D as Unternehmen von Erven Warnink wurde 1616 in Amsterdam gegründet, als die Herstellung noch sehr arbeitsintensiv war. Seit seiner Umsiedlung in eine ultramoderne Herstellungsstätte in Middelharnis im Südwesten Hollands im Jahr 1974 verfügt es nur noch über 35 Mitarbeiter, doch wurde ein Großteil der traditionellen Verfahren beibehalten. Das Unternehmen hat eine Kapazität von zehn Millionen Flaschen jährlich und ist der größte Hersteller von Eierlikör in den Niederlanden.

Das Wort »Advocaat« wird allgemeinhin für eine verstümmelte Form des brasilianischen Wortes *avocado* für eine dort heimische Frucht gehalten, die portugiesische Einwanderer zur Herstellung eines alkoholischen Getränks verwendeten. Später übernahmen holländische Seeleute bei ihrer Heimkehr von Reisen nach Südamerika diesen Brauch und stellten einen »Advocaat« nach eigener Manier her. Bis heute ist nicht geklärt, warum sie dafür Eigelb und nicht die von den portugiesischen Siedlern verwendeten Avocados benutzten.

| AUF EINEN BLICK | |
|---|---|
| GRUPPE | *Sonstige Aperitifs/Eierlikör* |
| ZUSAMMENSETZUNG | *Alkohol, Eigelb, Zucker, Geschmacksstoffe* |
| HERKUNFTSLAND | *Niederlande* |
| HERSTELLUNGSORT | *Middelharnis im Südwesten Hollands* |
| HAUPTABNEHMER | *Niederlande, Großbritannien, Deutschland und Norwegen* |

## SERVIER-VORSCHLÄGE

Die hellgelbe, undurchsichtige Farbe des **Warninks Advocaat** und die dickflüssige, cremige Beschaffenheit sind die wichtigsten Merkmale dieses klassischen Emulsionslikörs.

Er kann wie folgt serviert werden:

☆ gekühlt im Likörglas

☆ als Longdrink auf Eis mit Seven Up oder Sprite

☆ mit trockenem Sherry verrührt

☆ mit Zitronensaft verrührt und mit Sekt aufgefüllt

## HERSTELLUNG

Warninks Advocaat verfügt über einen Alkoholgehalt von 17,2%vol. und hat Neutralalkohol als Basis. Hauptbestandteil sind frische Eigelbe, die aromatisierenden Zutaten sind freilich Firmengeheimnis. Die Eier stammen von Bauernhöfen, auf denen Haltung und Ernährung der Hühner genau überwacht wird; die Eier werden innerhalb von drei Tagen zu Warninks gebracht, wo sie vor der Verarbeitung eine strenge Qualitätskontrolle durchlaufen. Die Herstellung des Eierlikörs dauert normalerweise sieben Wochen.

*Das alte Warnink-Unternehmen in Amsterdam*

TEIL DREI

# EINTEILUNG NACH GRUPPEN

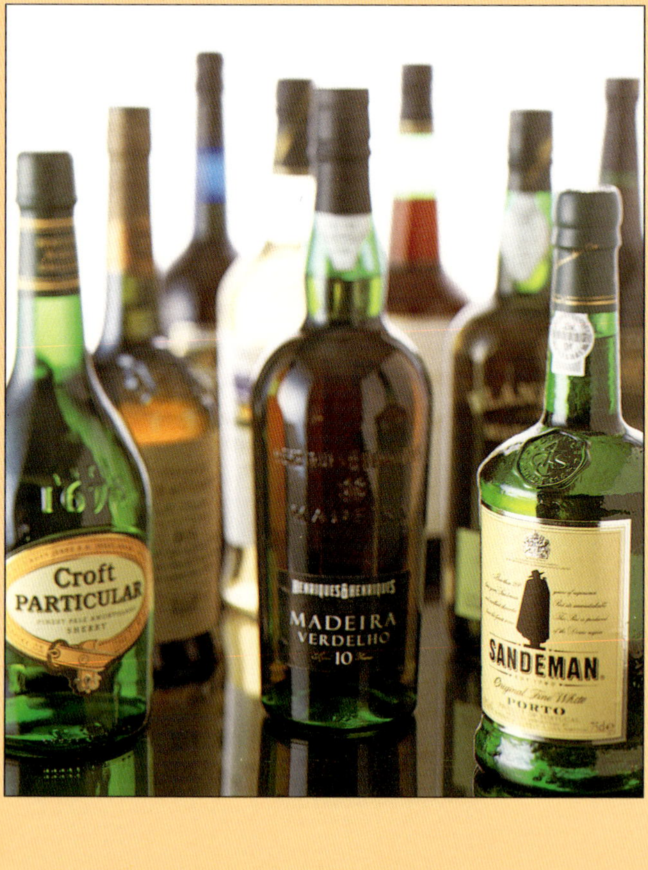

# CRÈME DE CASSIS

## *Das Rezept des Domherrn*

D ieser Likör aus schwarzen Johannisbeeren, einer der angesehensten Fruchtliköre der Welt, ist kein Aperitif im eigentlichen Sinne. Er wurde über viele Generationen nach dem Essen als Digestif oder einfach zwischendurch als fruchtig-süßer Schluck genossen, ehe er eine neue Rolle bekam. Verantwortlich dafür war der Domherr Felix Kir, der nach dem Zweiten Weltkrieg Bürgermeister von Dijon war. Er pflegte den Likör seiner Region mit kühlem, trockenem Weißwein aus Burgund zu mischen und schuf damit jenen Aperitif, der als »Kir« bekannt wurde. Mit Crémant de Bourgogne oder Champagner gemischt, heißt er »Kir Royal«.

Schon im 16. Jahrhundert machten Mönche in Dijon Likör aus den schwarzen Johannisbeeren. Hersteller wie Lejay-Lagoute, Guyot oder Marie Brizard haben zum Ruf des Crème de Cassis beigetragen. Cassis und Crème de Cassis (Zuckergehalt mind. 400 g/l) unterscheiden sich von ähnlichen Produkten durch die Verwendung hochwertiger Sorten wie »Noir de Bourgogne«, »Royal de Naple« und »Black Down«, die im Herstellungsgebiet dieses Likörs gedeihen und auch von Winzern als Zweitkultur angebaut werden.

AUF EINEN BLICK

| | |
|---|---|
| ZUSAMMENSETZUNG | Schwarze Johannisbeeren, Alkohol, Zucker |
| HERKUNFTSLAND | Region Burgund, Frankreich |
| HAUPTABNEHMER | Frankreich, Italien, USA |

## SERVIERVORSCHLÄGE

KIR: 1 cl Crème de Cassis in ein hohes schmales Weinglas geben, mit 10 cl kaltem weißem Burgunder auffüllen

KIR ROYAL: 1 cl Crème de Cassis im Champagnerglas (Sektflöte) mit 10 cl trockenem Crémant oder Champagner auffüllen

Raffiniert:
Einige zuvor in Crème de Cassis eingelegte schwarze Johannisbeeren hinzufügen.

### HERSTELLUNG

Die zerkleinerten Beeren werden für einige Monate in Alkohol eingelegt. Das Mazerat wird abgeseiht, die Beeren werden ausgepreßt und dem aromatisierten Alkohol zugefügt. Nach dem Zusetzen der Zuckerlösung wird gefiltert und abgefüllt. Farbstoffe sind verboten.

Mit Crémant oder Champagner wird Crème de Cassis zum »Kir Royal« aufgefüllt

# NATURSÜSSE WEINE AUS FRANKREICH

## Die Spezialität aus dem Süden

D ie *Vins Doux Naturels* gehören zu den aufgespriteten Weinen und sind daher Verwandte von Portwein, Madeira und einigen anderen mehr. Sie werden überwiegend aus der Rebsorte Grenache gewonnen, doch kann diese um Sorten wie Macabeo,

*Weinberge von Banyuls*

Malvoisie, Muscat d'Alexandria, Carignan, Cinsault und Syrah ergänzt werden.

Alle natursüßen Weine Frankreichs (VDN) kommen aus der klimatisch idealen Region am Mittelmeer. Es gibt sie je nach Rebsorte und Herstellungsverfahren als Weiß-, Rot und Roséweine. Jeder dieser Weine muß aus Most hergestellt sein, der während der Gärung mindestens 225 Gramm Zucker je Liter enthält. Die Gärung wird bei einem Restzucker-Anteil zwischen 125 und 50 Gramm durch Zugabe von 96prozentigem Alkohol aus Wein gestoppt.

## BANYULS

Die herrlichen Weinberge von Banyuls liegen an der französischen Mittelmeerküste in der Umgebung von Perpignan. Der Banyuls ähnelt in einigen seiner Merkmale verschiedenen Portweinen. Zwar kommt er häufig nach fünf bis zehn Jahren Reife in den Handel, aber es gibt einige außergewöhnliche Spitzenjahrgänge wie den Castell des Hospices Banyuls Grand Cru 1982, der sieben Jahre im Eichenfaß gereift und danach acht Jahre und mehr in Flaschen gelagert ist (Mindestreife im Holzfaß für Grands Crus: 30 Monate). Ein anderer beliebter Jahrgang ist der Banyuls Rimage Cuvée Regis Boucabeille 1989. Der Banyuls wird auch sehr gerne als Dessertwein getrunken.

Der Banyuls ist, wie der Vermouth Noilly Prat, ein *vin cuit*, ein »gekochter Wein«. Für den *Blanc* aus der Rebe Grenache Blanc werden die Trauben nur leicht ausgepreßt und in Edelstahltanks vergoren, deren Temperatur sich regulieren läßt. Nach dem Aufspriten wird der Jungwein 18 Monate in Flaschen gelagert. Sowohl der *Doré* als auch der *Rouge* werden ein Jahr lang unter freiem Himmel in kleinen Eichenfässern (*demi-muids*) gelagert und später in Ballonflaschen abgefüllt, die den Witterungseinflüssen ausgesetzt werden. Diese Lagerung unter ständig sich verändernden Bedingungen beschleunigt den Reifeprozeß der Weine. Der *Doré* entsteht aus einem *Blanc*, der wie ein *Rouge* im Freien reifte, anschließend im Keller separat in großen Eichenfässern verschnitten wird und vor der Abfüllung eine Weile ruht. Auch dann muß er, ehe er in den Handel kommt, noch einige Zeit liegen. Kein Banyuls kommt mit einer Reifezeit von unter 18 Monaten in den Verkauf.

## MAURY

Der Maury ist dem Banyuls sehr ähnlich. Zu den bekanntesten Marken gehören Mas Amiel und D'Ogival. Auch der Maury ist ein *vin cuit*, der als Jungwein ein Jahr in riesigen Ballonflaschen (*bonbonnes*) im Freien gelagert wird. Hier wird er den täglichen Schwankungen von Temperatur, Feuchtigkeit und Luftdruck ausgesetzt. Danach reift er im Keller zwischen vier und neun Jahre, je nachdem, ob er als fünf- oder zehnjähriger verkauft werden soll.

## RASTEAU

Auch der Rasteau entsteht ähnlich wie der Banyuls, reift jedoch nicht im Freien. Statt dessen altert er normalerweise fünf und mehr Jahre in kleinen Eichenfässern im Keller. Haupterzeuger ist Emile Bressy.

## RIVESALTES

Der Rivesaltes, nicht zu verwechseln mit dem Muscat de Rivesaltes (siehe unter Muscats), ist ein enger Nachbar des Banyuls und wird auch ähnlich wie jener hergestellt. Er wird nur als Rotwein produziert; einer der besten Vertreter ist der Château Valmy.

# BANYULS RIMAGE
## CUVÉE REGIS BOUCABEILLE 1989

## In Wind und Wetter gereift

Die Cuvée Regis Boucabeille, ein herausragendes Beispiel für einen reifen Banyuls, besteht zu 90 Prozent aus Grenache Noir, der Rest ist Carignan, ebenfalls eine rote Rebsorte. Im Gegensatz zu vielen anderen Banyuls wird er nicht lange im Freien gelagert. Bereits im Frühling des Jahres nach der Lese wird er auf Flaschen gezogen und danach im Keller gereift, bis er transportfähig ist.

### SERVIERVORSCHLAG

Cuvée Regis Boucabeille hat eine reife, tiefrote Farbe, ein volles, weiniges Bukett und ist am Gaumen voll und körperreich, mit langem, leicht süßem Nachklang.

Er wird am besten wie folgt serviert:

☆ mit 10 – 12 °C in Portweingläsern

 AUF EINEN BLICK

| | |
|---|---|
| ZUSAMMENSETZUNG | Rotwein und Neutralalkohol |
| HERKUNFTSLAND | Frankreich |
| HERSTELLUNGSORT | Cave Cooperative, Banyuls |
| JAHRESABSATZ | 1 339 000 Flaschen |
| HAUPTABNEHMER | Frankreich, Belgien, Holland, Luxemburg, Deutschland |
| BESICHTIGUNGEN | nur für Geschäftsbesucher möglich |

# MAURY VINCENT D'OGIVAL

## Der Wein aus den französischen Pyrenäen

Hierbei handelt es sich um einen typischen Maury, der als Aperitif, aber auch zum Dessert oder Käse getrunken werden kann. Er wird nur aus der Grenache Noir hergestellt, die an den Abhängen eines kleinen französischen Pyrenäentales auf der rund 1700 Hektar großen *Appellation-Côntrolée*-Fläche von Maury gedeihen.

Im ersten Stadium des sechsjährigen Ausbaus wird der aus den frischen Trauben ohne Pressung, nur durch den Druck des Eigengewichts abfließende Most aufgefangen und bleibt in einer unüblich langen Gärungsperiode von 20 Tagen mit den Schalen in Kontakt. Der Wein wird anschließend, ehe die Trauben ein zweites Mal ausgepreßt werden, mit neutralem Alkohol versetzt. Die gewonnene Flüssigkeit lagert sechs Monate lang in geschlossenen Fässern. Anschließend wird der Wein in große, 75 Liter fassende ballonförmige Glasflaschen gefüllt und im Freien ein Jahr gereift.

Nach weiteren vier Jahren Alterung im Keller, in großen Fässern aus amerikanischer Eiche, wird

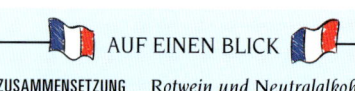

### AUF EINEN BLICK

| | |
|---|---|
| ZUSAMMENSETZUNG | *Rotwein und Neutralalkohol* |
| HERKUNFTSLAND | *Frankreich* |
| HERSTELLUNGSORT | *Maury, Bas-Pyrenées* |
| JAHRESABSATZ | *1,3 Millionen Flaschen* |

## SERVIERVORSCHLAG

*Maury* Vincent D'Ogival *ist bernsteinfarben, sein Bukett hat eine Kaffeenote. Er ist sehr weich, von mittelschwerem Körper, am Gaumen süß mit deutlicher Tanninstruktur, harmonisch im Abgang.*

*Man serviert ihn am besten*
✰ *mit 6 – 8 °C in kleinen Portwein- oder ähnlichen Gläsern*

abgefüllt. Die Flaschen bleiben allerdings noch weitere sechs Monate liegen, ehe sie in den Handel kommen.

*Die Weinberge von Banyuls, in der Ferne das Château de Queribus*

# MADEIRA

## Ein historisches Getränk aus einem idealen Klima

Madeira ist ein gespriteter Wein von der gleichnamigen felsigen Insel, die knapp 640 km westlich von Marokko im Atlantischen Ozean liegt. Das Klima Madeiras gehört zu den beständigsten der Welt mit einer täglichen Durchschnittstemperatur von 16 bis 22 °C. Fast jeden Morgen sind seine bis zu 1800 Meter hohen Berggipfel von Wolken eingehüllt, die ihren Regen an den Bergspitzen abladen. Dieses Wasser fließt die Abhänge hinunter und wässert über ein Netz von Kanälen, *levadas* genannt, die Weinberge.

Die ersten Weinberge wurden auf Madeira im frühen 15. Jahrhundert angelegt. Als Alvise da Mosto, ein venezianischer Eroberer, 1455 auf der Insel landete, berichtete er nach Hause, daß die Weine Madeiras »der herrlichste Anblick in ganz Europa« seien. Bereits im 16. Jahrhundert wurde der Madeira-Wein nach Großbritannien sowie nach Frankreich und Holland exportiert, nach Amerika zum ersten Mal im Jahre 1567. Zu dieser Zeit wurde er noch nicht aufgespritet und immer in Fässern transportiert, die für gewöhnlich unter der Bezeichnung der verwendeten Traubensorte wie Malvasia (engl. *Malmsey*) oder Terrantez verkauft wurden. Der Madeira hatte sich gerade Nordeuropa erobert, als sein Export abrupt zum Stillstand

*Der Madeira wird in besonderen, ebenerdigen Kellern gereift*

kam: Zwischen 1580 und 1640 geriet die Insel unter spanische Herrschaft. In dieser Zeit, in welcher der Madeirawein mit verschiedenen anderen aus dem spanischen Mutterland konkurrieren mußte, sank die Produktion drastisch.

Nichtsdestotrotz wurde mancherorts weiterhin Wein erzeugt, und wahrscheinlich wurde während der spanischen Besatzungszeit das Aufspriten ebenso übernommen wie das Solera-Verfahren, so wie es in der Sherry-Region in Spanien praktiziert wurde. Auf Madeiras Boden hatte dieses Verfahren den Nachteil, viel Kellerraum zu benötigen, der an den steilen, terrassierten Weinbergen nicht oft zur Verfügung stand. Die Erzeuger lösten das Problem, indem sie die Solera-Methode nur für ein kleineres, feineres Kontingent und für außergewöhnliche Jahrgänge anwandten, und auch das nur in begrenztem Umfang. Das Ergebnis waren traumhafte alte Soleras, die man noch heute gelegentlich auf Auktionen finden kann.

## HERSTELLUNG

Heute gibt es auf Madeira etwa 4000 kleinere Weinbauern, die viele Häuser beliefern. Jahrhundertelang wurden die Trauben mit den Füßen getreten, aber heute wird generell mit Druckpressen gekeltert. Wie für viele andere Weine, die auf der iberischen Insel erzeugt werden, wird auch für Madeira der frische Weißwein mit jungem Traubendestillat gespritet. Dann jedoch durchläuft er in den *estufas* einen einzigartigen »Koch«-Prozeß, der seine Geschmacksnote beeinflußt. Ursprünglich reifte der Wein in Ballonflaschen und Fässern in den heißen Speicherräumen über den Weinkellern. Die hohe Temperatur beschleunigte den Reifungsprozeß. Heute wird der Wein in kleinen Fässern, die in einer Art Treibhaus lagern, von außen erwärmt. Nur Spitzenweine werden in besonderen Räumen der Sonne ausgesetzt.

## MADEIRA-TYPEN

Nicht alle Madeiras sind Aperitifs. Während der Sercial, der trockenste Typ, und der halbtrockene Verdelho – beide sind nach ihren Rebsorten benannt – am besten mit 12 - 14 °C als Aperitifs serviert werden, passen die schweren, süßeren Typen besser zum Dessert.

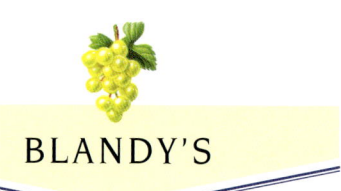

# BLANDY'S

## *Ein Offizier wird Winzer*

V on den Madeira-Marken in britischem Besitz gilt Blandy's als die bekannteste. Das Haus wurde 1811 von John Blandy gegründet. Er diente als Offizier in einer britischen Garnison, die 1807 auf Bitten der Portugiesen auf die Insel kam, als diese eine Invasion napoleonischer Truppen befürchtete. Ironischerweise sollte Napoleon Madeira jedoch nur einmal sehen: auf dem Weg nach St. Helena in sein Exil. Doch John Blandy hatte seine Liebe zu der Insel und ihren Weinen entdeckt und beschloß, künftig nur noch auf Madeira zu leben. Er gründete in Funchal ein Unternehmen, zu dem eine eigene Weinkellerei, Handelsschiffe und später sogar eine Bank gehörten.

Die Weinerzeugung beginnt im August mit der Lese der Trauben für die trockeneren Typen wie Sercial und Verdelho und endet im November mit den süßesten Trauben, zum Beispiel Malmsey.

| AUF EINEN BLICK | |
|---|---|
| ZUSAMMENSETZUNG | Wein und Traubendestillat |
| HERKUNFTSLAND | Portugal |
| HERSTELLUNGSORT | Funchal, Madeira |
| HAUPTABNEHMER | England, Frankreich, Belgien, Deutschland |
| AUSZEICHNUNGEN | Goldmedaille 1995, International Wine Challenge, London |
| BESICHTIGUNGEN | möglich bei der Erzeugergemeinschaft Madeira-Wein, Funchal |

## SERVIERVORSCHLAG

Der goldfarbene **Blandy's Duke of Sussex** hat einen leicht an Eiche erinnernden Duft. Er ist kräftig und leicht füllig am Gaumen mit gefälligem, trockenem Finish.

**Blandy's Five-Year-Old Sercial** ist hell rostrot, sein Duft erinnert an Äpfel. Er besitzt eine angenehme Frische und als Gegengewicht eine weiche, nussige Reife.

**Blandy's Five-Year-Old Verdelho** ist von rotgoldener Farbe, besitzt ein leicht rauchiges Aroma, einen feinen Duft nach Dörrobst und einen leicht süßen, langen Nachklang.

Alle drei Typen werden wie folgt serviert:

✰ gut gekühlt in einer »copita« oder einem tulpenförmigen Stielglas, dazu Nüsse oder Tapas

Über Generationen behielt Blandy's die Tradition des Traubentretens mit Füßen in Steintrögen aus Granit (*lagares*) bei, doch unlängst hat sich das Unternehmen für hochmoderne, automatische Pressen entschieden. Aus diesen läuft der Most in riesige Tanks aus Edelstahl. Darin werden die Jungweine in jeweils unterschiedlichen Stadien der Gärung (je nach erwünschter Süße) mit Traubendestillat verstärkt.

*Das Weininstitut auf Madeira kontrolliert die Herstellung*

# HENRIQUES & HENRIQUES

## *Der größte unabhängige Erzeuger*

Die Familie Henriques kann ihren Stammbaum bis ins Jahr 1094 zurückverfolgen, als Graf Heinrich von Burgund in Portugal ankam. Ab dem 15. Jahrhundert war sie der größte Grundbesitzer in der Region von Camara de Lobos auf Madeira. Hier, auf Boden, den die Familie noch immer besitzt, ließ der portugiesische Seefahrer Joào Gonalves Zarco zwischen 1420 und 1425 die ersten Reben anbauen. Heute besitzt Henriques & Henriques die größten Rebflächen auf Madeira, die als erste vollmechanisch bearbeitet wurden. Die zehn Hektar große Rebfläche wurde 1995 in Quinta Grande angelegt.

| AUF EINEN BLICK | |
|---|---|
| ZUSAMMENSETZUNG | *Wein und Traubendestillat* |
| HERKUNFTSLAND | *Portugal* |
| HERSTELLUNGSORT | *Funchal, Insel Madeira (ca. 600 km vor der marokkanischen Küste)* |
| JAHRESABSATZ | *800 000 Flaschen* |
| HAUPTABNEHMER | *Deutschland, Schweden und Frankreich* |
| AUSZEICHNUNGEN | *Preis 1943 in Antwerpen, Auszeichnung 1997 auf dem Asian-Pacific Wine Challenge* |
| BESICHTIGUNGEN | *nach vorheriger Anmeldung möglich* |

## SERVIERVORSCHLÄGE

### 3 YEARS OLD

**Monte Seco**: Ein leichter, hellblonder, trockener Madeira. Er wird am besten wie folgt serviert:

✫ gekühlt

✫ auf Eis

✫ als Longdrink mit Eis und Tonic Water

**Special Dry**: Ein trockener Madeira mit nussigem Bukett.

**Medium-Dry**: Ein goldener, sehr fruchtiger Madeira.

Beide Sorten serviert man am besten gut gekühlt.

### 5 YEARS OLD

**Finest Dry**: Dieser feine, trockene Madeira hat einen Duft nach Eichenholz und einen dichten, frischen Abgang.

**Finest Medium-Dry**: Ein milder Madeira mit etwas Eichenduft im Bukett und von bittersüßem Nachgeschmack.

Beide Sorten serviert man am besten gekühlt.

### 10 YEARS OLD

**Sercial**: Ein klassischer, trockener Madeira mit frischem Aroma.

**Verdelho**: Die traditionelle Lieblingssorte auf der Insel, ein Medium-Dry mit der Farbe von dunklem Bernstein.

Beide Typen serviert man am besten gekühlt.

Henriques & Henriques ist der größte unabhängige Erzeuger und Exporteur von Madeiraweinen und das einzige Haus mit eigenen Weinbergen. Seine Weine kommen mit drei, fünf und zehn Jahren in den Handel. Sie werden nur aus edlen Vinifera-Rebsorten wie Sercial, Verdelho, Tinta Negra Mole und Listrao erzeugt.

Die Weinlese beginnt im August und dauert bis in den Dezember. In dieser Periode werden die fünf offiziell anerkannten Madeira-Traubensorten – Sercial, Verdelho, Bual, Malvasia und Tinta Negra – gepflückt. Die vier ersten sind weiße Trauben, deren Häute beim Pressen vom Most getrennt werden. Anders bei der Tinta Negra, deren Schalen zur Farb- und Tanninabgabe einige Zeit auf dem Most bleiben. Beim Pressen der roten Trauben dürfen die Schalen aber nicht zerdrückt werden. Die Jungweine werden anschließend mit Neutralalkohol angereichert, bevor sie in einer *estufagem* reifen und danach abgefüllt werden.

# MÁLAGA

## *Der Wein von den Hügeln*

D ie Stadt Málaga liegt an der spanischen Mittelmeerküste in der Provinz Andalusien, nordöstlich von Gibraltar. Im Norden und Osten der Stadt steigen landeinwärts die Hügel steil empor, und gerade auf diesen Hügeln gedeihen die besten Weine – weshalb der Málaga früher auch als »Bergwein« bezeichnet wurde. Málaga besitzt eine lange Weinbau-Tradition und wurde im Laufe der Geschichte wiederholt von Eindringlingen wie den Phoeniziern, Griechen, Karthagern und, vielleicht am nachhaltigsten, den Römern besetzt. Gegen Ende des 3. Jahrhunderts v. Chr. war Málaga eine der ersten Siedlungen an der spanischen Mittelmeerküste, die in die Hände römischer Invasoren fiel, von denen angenommen wird, daß sie den systematischen Weinbau in die Region brachten.

*Eine Bar in Málaga*

144

An den bis zu 800 Meter hohen Hängen im Norden Málagas wächst hauptsächlich die Pedro-Ximenez-Rebe, während die Sorte Moscatel die östlichen Hügel beherrscht. Dies sind die zwei wichtigsten unter den vom *Consejo Regulador* zugelassenen Rebsorten; dieses Institut prüft, welche Weine sich für die *Denominación de Orígen* (Ursprungsbezeichnung) *Málaga* eignen. Diese dürfen nur in der Stadt Málaga reifen. Die einzelnen Typen reichen von sehr süß bis trocken und sind meist ein Verschnitt von Moscatel- und Pedro-Ximenez-Trauben, einige stammen aber ausschließlich aus einer einzigen Sorte. Ihr Alkoholgehalt schwankt zwischen 15 und 23 Prozent, da die einen mit mehr, die anderen mit weniger Destillat aufgespritet werden. Die Haupttypen des Málaga sind *Lágrima* (»Tränen«), *Dulce* (süß), *Semi-Dulce* (halbsüß) und *Blanco Seco* (trocken). Die süßesten und dunkelsten Málagas werden normalerweise zu Desserts gereicht, am besten mit 18 °C. Gekühlt eignen sich die Medium- und Dry-Stile ideal als Aperitifs. Zu den führenden Erzeugern gehören Scholtz Hermanos und Lopez Hermanos.

## HERSTELLUNG

Der *Lágrima* wird aus dem »Tropfensaft« der Trauben gemacht, der unter dem Druck des Eigengewichts abfließt. Dieser Saft wird aufgefangen und zu einem delikaten süßen Wein ausgebaut. Für die anderen Typen werden die Trauben mechanisch gekeltert. Danach wird der Most in großen, zylindrischen Zementbottichen, ähnlich den *tinajas* beim Montilla, vergoren. Der Jungwein wird anschließend in Tanklastwagen nach Málaga gebracht, wo er bis zum Verschneiden in Holzfässern gelagert wird. Je nachdem, welcher Wein erzeugt werden soll, werden unterschiedliche Grundweine gemischt. Der Zusatz einer bestimmten Menge an natürlichen Zutaten für Farbe und Aroma ist erlaubt. Hauptsächlich wird dazu *arrope* (Sirup) benutzt, der hergestellt wird, indem man unvergorenen Traubensaft in einem Kupferkessel einkocht, bis er zu einer dunklen, der Melasse ähnlichen Masse wird, die ein bißchen wie angebrannter Zucker schmeckt. Der meiste Málaga wird nach der Solera-Methode gereift wie Sherry in Jerez, aber in sechs Faßreihen übereinander.

# LOPEZ HERMANOS
## MÁLAGA VÍRGEN

### Der Süßwein der zwei Brüder

**D**ie Firma Lopez Hermanos wurde im späten 19. Jahrhundert von Don Salvador Lopez Lopez gegründet, der 1896 zusammen mit seinem Bruder die ersten Weinkeller in Cruz del Molinillo errichtete.

Lopez Hermanos Málaga Vírgen ist ein Verschnitt von Pedro-Ximénez- und Moscatel-Trauben. Der Wein wird vor dem Abfüllen zwei Jahre lang in Holzfässern gelagert.

#### SERVIERVORSCHLAG

*Lopez Hermanos Málaga Vírgen ist leuchtend, klar und hat einen altgoldenen Farbton. Er besitzt ein schön weiniges Bukett, ist süß und ölig am Gaumen, hefetönig und hat einen langen, an Karamel erinnernden Nachgeschmack.*

*Er wird am besten wie folgt serviert:*

*✭ mit 14 – 16 °C in einem Portwein-Glas*

 AUF EINEN BLICK

| | |
|---|---|
| ZUSAMMENSETZUNG | Pedro-Ximénez- und Moscatel-Weine, Traubendestillat |
| HERKUNFTSLAND | Spanien |
| HERSTELLUNGSORT | Málaga |
| BESICHTIGUNGEN | möglich in der Weinkellerei Canada 10, 29006 Málaga von Montag – Freitag, 9.30 – 14.00 Uhr (August geschlossen) |

# MARSALA

## Der Trinkspruch auf Trafalgar

D ie ersten Weinberge in Marsala auf Sizilien wurden von griechischen Siedlern im 7. Jahrhundert v. Chr. angepflanzt. Wie immer, wenn diese am Mittelmeer Kolonien gründeten, brachten sie aus ihrer Heimat Rebstöcke mit. Angeblich verdankt die Stadt ihren Namen dem römischen Heerführer Claudius Marcellus, dem offenbar als Belohnung für die Niederschlagung des Feindes in der Schlacht von Syracus in dieser Gegend ein Weinberg geschenkt worden war.

Die griechischen Siedler produzierten nur Tischwein, und das blieb bis ins späte 18. Jahrhundert so, bis der junge englische Kaufmann John Woodhouse damit begann, den lokalen Wein aufzuspriten, um den Sherry nachzuahmen. Ein weiterer Engländer, Benjamin Ingham, tat es ihm nach und gründete ein Konkurrenzunternehmen.

*Die Marsala-Kellerei Florio*

Mit ihrem Likörwein machten sie im gesamten britischen Reich glänzende Geschäfte. 1833 erschloß der erste bedeutende sizilianische Weinproduzent, Vincenzo Florio, erfolgreich den nordamerikanischen Markt und machte den Marsala damit zu einem internationalen Wein. Der berühmteste Marsala-Erzeuger war der englische Admiral Nelson, dem der König beider Sizilien, Ferdinand II., als Dank für den Schutz seiner Familie gegen die napoleonische Armee einen Weinberg schenkte. Nelson bewies seinen Geschäftssinn, indem er die britische Regierung überzeugte, daß die Marine seinen Marsala zum Ausbringen des Siegestoastes verwenden solle. Daraufhin wurden 500 Fässer, umgerechnet 282000 Flaschen, bestellt. Ironie des Schicksals: Während die britischen Seeleute nach dem Sieg ihrer Marine über die Franzosen bei Trafalgar ihren Admiral mit seinem eigenen Marsala hochleben ließen, lag dieser an Deck seines Flaggschiffs»H.M.S. Victory« im Sterben.

## HERSTELLUNG

Marsala ist ein gespriteter Wein, der in der Umgebung der alten Hafenstadt Marsala in der Provinz Trapani an der Westküste Siziliens produziert wird. Er wird als *Oro* (gold), *Red* und *Ruby* ausgebaut und mit unterschiedlichem Alter in den Handel gebracht, vom zweijährigen bis gelegentlich zu einem etwa 30jährigen Single Vintage. Es gibt auch einen»Marsala Vergine«, der ohne jeglichen Zusatz von Mistelle oder konzentriertem Traubenmost hergestellt wird.

Die beiden am häufigsten verwendeten Rebsorten sind Grillo und Cataratto, und die besten Weinberge sind diejenigen, die bis zum Meer hinabreichen, da der kühle Küstenwind dazu beiträgt, daß die Trauben eine ausgewogene Säure behalten. Bis vor kurzem wurden die Reben immer nahe am Boden gezüchtet; neuere Forschungen des Hauses Carlo Pellegrino führten zu dem Schluß, daß die Spalierzüchtung gesündere Reben hervorbringe. Der meiste Marsala wird aus diesen zwei Traubensorten durch Zugabe von Destillat aus Trauben und konzentriertem, unvergorenem Traubenmost bereitet; einige Marsalas werden nach dem Soleraverfahren gereift und verschnitten, doch nicht alle entstehen auf diese Weise.

# FLORIO TERRE ARSE
## MARSALA VERGINE 1986

## *Der führende Marsala in den USA*

I<br>m Jahre 1833 meinte Vincenzo Florio, ein bekannter Händler, es sei allmählich Zeit, daß sich ein Sizilianer an die Spitze der Marsala-Produzenten setze statt eines Briten. Er fand heraus, daß an der Küste zwischen den beiden in englischer Hand befindlichen Häusern Woodhouse und Ingham ein breites Stück unbebauten Landes lag, und kaufte es. Von diesem günstigen Punkt aus konnte er seine Konkurrenten ausspionieren, um alles über deren Preispolitik und Schlüsselmärkte herauszufinden und eine eigene Strategie zu entwerfen. Es machte wenig Sinn, mit ihnen auf dem britischen

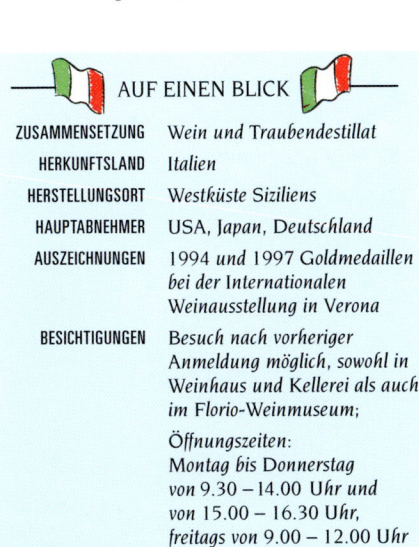

**AUF EINEN BLICK**

| | |
|---|---|
| ZUSAMMENSETZUNG | *Wein und Traubendestillat* |
| HERKUNFTSLAND | *Italien* |
| HERSTELLUNGSORT | *Westküste Siziliens* |
| HAUPTABNEHMER | *USA, Japan, Deutschland* |
| AUSZEICHNUNGEN | *1994 und 1997 Goldmedaillen bei der Internationalen Weinausstellung in Verona* |
| BESICHTIGUNGEN | *Besuch nach vorheriger Anmeldung möglich, sowohl in Weinhaus und Kellerei als auch im Florio-Weinmuseum;* |
| | *Öffnungszeiten: Montag bis Donnerstag von 9.30 – 14.00 Uhr und von 15.00 – 16.30 Uhr, freitags von 9.00 – 12.00 Uhr* |

Markt konkurrieren zu wollen, und so beschloß Florio, die Ostküste der USA anzupeilen, wo die Briten nach ihrem Revolutionskrieg noch immer ungern gesehen waren. Unter Ausnutzung seiner riesigen Schiffsflotte konnte das Haus Florio in Amerika bald einen blühenden Handel aufziehen, und seine Marke ist bis heute, mehr als einundeinhalb Jahrhunderte später, der führende Marsala in den Vereinigten Staaten von Amerika.

Florio Terre Arse Marsala Vergine 1986 stammt nur aus diesem einen Jahrgang und zeichnet sich durch völlige Sortenreinheit aus. Er enthält weder Mistelle noch konzentrierten Traubenmost und wurde lediglich während der Gärung mit jungem Traubendestillat versetzt. Er reifte etwa acht Jahre in großen Eichenfässern und ein weiteres halbes Jahr in der Flasche, ehe er in den Handel kam.

## SERVIER-VORSCHLAG

*Terre Arse Marsala Vergine 1986 hat eine Farbe wie Altgold und eine elegante Nase mit Tönen von gerösteten Mandeln und Honig. Er ist weich und etwas süß am Gaumen mit langem Finish. Wird er wärmer, entwickeln sich Duft und Aroma. Wie alle Single Vintage Marsalas sollte man ihn wie folgt genießen:*

*☆ schlückchenweise mit 12–14 °C aus einem kleinen Glas, ähnlich dem Portwein-Glas*

*Florio-Mitarbeiter vor der Kellerei der Firma um 1900*

# PELLEGRINO GARIBALDI
## MARSALA

## *Der Favorit des Freischärlers*

**P**ellegrino ist der bei weitem erfolgreichste Marsala-Produzent. Seit seiner Gründung im Jahre 1880 ist das Unternehmen ein unabhängiger Familienbetrieb, der heute fast 80 Prozent der gesamten Marsala-Produktion stellt. Seine Keller liegen in der Altstadt von Marsala in der Provinz Trapani an der Westküste Siziliens.

Bis ins 18. Jahrhundert hinein galt Marsala als ziemlich banaler Tischwein. Dann führte der britische Weinhändler John Woodhouse das Aufspriten ein, wodurch der Wein weite Transporte besser überstehen konnte. Bald waren neue Märkte erschlossen, sowohl in Nordeuropa als auch, etwas später, in den Vereinigten Staaten.

Pellegrino Garibaldi Marsala ist die beliebteste Sorte des Unternehmens, er ist vollmundig, süß und sehr weich. Seinen Namen hat er von dem italienischen Patrioten Gari-

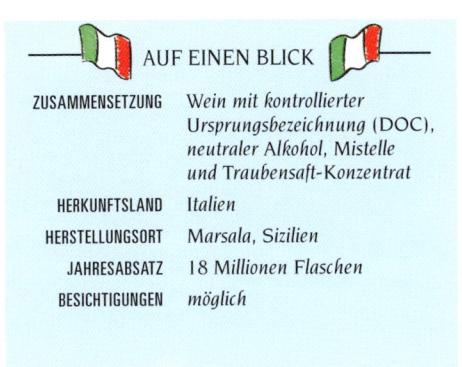

### AUF EINEN BLICK

| | |
|---|---|
| ZUSAMMENSETZUNG | *Wein mit kontrollierter Ursprungsbezeichnung (DOC), neutraler Alkohol, Mistelle und Traubensaft-Konzentrat* |
| HERKUNFTSLAND | *Italien* |
| HERSTELLUNGSORT | *Marsala, Sizilien* |
| JAHRESABSATZ | *18 Millionen Flaschen* |
| BESICHTIGUNGEN | *möglich* |

baldi, dessen Armee 1860 in Marsala landete, um Italien zu vereinigen. Es heißt, Garibaldi habe es sehr genossen, in der Abendsonne zu sitzen und genüßlich an eben diesem Typ Marsala zu nippen.

Die für den Pellegrino Garibaldi Marsala gekelterten Trauben der Sorten Grillo und Cataratto stammen von den 405 Hektar großen Weinbergen mit der Ursprungsbezeichnung Denominazione di Origine Controllata Marsala (DOC Marsala). Gekeltert wird, um die Frische des Lesegutes zu bewahren, in einem Keller direkt auf dem Weinberg. Der Most wird zur Hauptkellerei nach Marsala gebracht, wo ihm neutraler Alkohol, Mistelle und konzentrierter Traubenmost zugegeben werden. Anschließend wird der Garibaldi Marsala etwa vier Jahre in großen Eichenfässern gereift.

In begrenztem Umfang wird für einige andere Marsala-Typen noch immer das Solera-Verfahren angewendet, in dem die Weine reifen und zugleich kontinuierlich miteinander vermischt werden.

Pellegrinos Weingut Tenuta San Nicola

# MONTILLA

## Die heißesten Weinberge Europas

D ie Weinregion mit der *Denominación de origen* »Morilla-Moriles« liegt genau im Süden Córdobas in der spanischen Provinz Andalusien. Die Reben werden auf weißen Kreideböden angepflanzt, die zwischen den Flüssen Guadalquivir, Guadajoz und Genil liegen. Hier werden – im Gegensatz zur Region Jerez, wo dreierlei Rebsorten zugelassen sind – nur Pedro-Ximénez-Weine kultiviert.

Da dies eine Binnenland-Region ist, fand hier nie eine Besiedelung durch die Griechen statt wie an der spanischen Küste. Die ersten Weinberge wurden gegen Ende des 3. Jahrhunderts v. Chr. von den Römern angelegt. Im übrigen gab es hier, wieder anders als in Jerez oder Porto, nie eine britische Tradition.

Der Begriff »Amontillado« bedeutet »nach Art von Montilla« und wurde eingeführt, um einen Wein dieses Stils zu bezeichnen. Andere Regionen eigneten sich den Ausdruck an, um damit einen Medium-

*Weinberg in der Region Montilla*

*Zum Vergären wird der Most in die klassischen »tiñajas« gefüllt*

Dry-Wein zu bezeichnen, so auch die nahegelegene Region Jerez, wo viele Sherrys »Amontillado« genannt werden. Der Unterschied zwischen »Amontillado« in Montilla und anderswo ist, daß echter Montilla nicht aufgespritet wird. In Montilla-Moriles werden *Fino*, *Oloroso* und süße Montillas erzeugt. Zu den bekanntesten Montilla-Herstellern gehören Club Royal und Perez Barquero.

### HERSTELLUNG

Nach einem kühlen Frühling steigen die Sommertemperaturen heftig an, so daß die Sonne den Boden regelrecht »aufbackt« und Montilla zu einem der heißesten Weinbaugebiete Europas macht. Das führt dazu, daß die Pedro-Ximénez-Trauben so reif werden, daß ein Aufspriten unnötig ist: Der Most kommt mit seinem hohen, natürlichen Zuckergehalt bei der Vergärung in den riesigen, vasenförmigen Behältern, *tiñajas* genannt, auf Alkoholwerte um die 15 Prozent.

154

## GRAN BARQUERO
### FINO MONTILLA

*Der Erste unter seinesgleichen*

D as Haus Perez Barquero S.A.handelt seit 1906 mit Montilla und ist heute anerkannter Marktführer. Das Unternehmen stellt drei Sorten Montilla her: Los Palcos, Los Amigos und Gran Barquero; von jeder dieser Sorten gibt es verschiedene Typen, darunter *Fino*, *Amontillado*, Medium, Pale-Cream und *Oloroso*. Im internationalen Handel am bekanntesten sind die Weine Los Amigos (drei Jahre Reifezeit) und Gran Barquero (15 bis 20 Jahre gereift).

Gran Barquero Fino Montilla wird nur aus Pedro Ximénez erzeugt. Nach dem Keltern gibt Perez Barquero den Most zur Vergärung in moderne Edelstahltanks, doch anschließend wird der Jungwein zur Trennung vom Bodensatz in die traditionellen *tiñajas* umgefüllt.

| AUF EINEN BLICK | |
|---|---|
| ZUSAMMENSETZUNG | *Weißwein, zu 100% aus Pedro-Ximénez-Trauben, ungespritet* |
| HERKUNFTSLAND | *Spanien* |
| HERSTELLUNGSORT | *Montilla-Moriles, Córdoba* |
| JAHRESABSATZ | *rund 1 Million Flaschen* |
| HAUPTABNEHMER | *Großbritannien, Holland und Belgien* |
| AUSZEICHNUNGEN | *Goldmedaille Sevilla 1986, außerdem Gold-, Silber- und Bronzemedaillen auf der Vinexpo Bordeaux, 1991* |
| BESICHTIGUNGEN | *nur nach Voranmeldung möglich* |

In diesem Stadium entwickeln einige der Jungweine *flor* und werden zu *Finos*; andere, auf denen sich diese Hefeart nicht bildet, werden dunkler und voller und deshalb als *Olorosos* eingestuft. Anschließend gibt man die jungen Weine in die oberste Faßreihe des Solera-Systems, in dem die Weine reifen und die verschiedenen Altersstufen durch regelmäßiges Umfüllen einer Teilmenge in die darunterliegende Faßreihe miteinander vermischt wer-

*Der Kellermeister prüft die Weine in allen Phasen der Reifung*

den. Gran Barqueros Fino ist der Spitzenwein des Unternehmens; er wird aus fünf- bis zwölfjährigen Finos verschnitten und nach einer angemessenen Zeit der Harmonisierung gefiltert und abgefüllt.

*Die »Sakristei« der Bodega, wo die ältesten Weine gelagert werden*

## SERVIER-VORSCHLAG

Gran Barquero Fino ist leuchtend goldfarben und am Gaumen frisch und trocken, mit feinem, langem Abgang. Er sollte wie folgt serviert werden:

☆ gekühlt in einer copita

Er ist ideal als Einzelgetränk, aber auch als Begleitung von Appetithappen oder Tapas.

# DIE MUSCATS

## Der blumige Duft des Südens

Als »Muscats« werden in diesem Guide alle aufgespriteten Weine bezeichnet, die aus einer der vielen Varietäten der Muskattraube hergestellt werden. Die bekannteste Vertreterin dieser Familie ist wohl die Muscat d'Alexandria, deren Name die griechische Herkunft verrät: Sie wurde bereits zwischen 800 und 900 v. Chr. auf den Inseln der Ägäis angebaut; später führten griechische Siedler sie an ihren Niederlassungen rund um die Mittelmeerküste ein. Die Sorte fand hauptsächlich als Tafeltraube viel Anklang, nicht als Wein.

Wegen ihres blumigen, intensiven Aromas und ihrer lieblichen Süße werden die Mucats sowohl als Aperitif wie als Begleitung zu einem Dessert genossen. Interessanterweise werden sie nicht immer gekühlt getrunken, vor allem nicht in einigen Gegenden Italiens, wo sie oft mit »Zimmertemperatur« serviert werden.

*Muscat-Reben*

Auf der italienischen Insel Pantelleria südlich von Sizilien werden aus ein und derselben Rebsorte zweierlei Muskatweine erzeugt, der Moscato di Pantelleria und der Passito di Pantelleria. Der erste ist von zartgoldener Farbe und hat einen elegant ausbalancierten Geschmack, während der Passito bernsteinfarben ist und ein reichhaltigeres, volleres Aroma besitzt. Am bekanntesten ist der Pellegrino Passito di Pantelleria.

In Frankreich ist eine anderere Verwandte der Alexandria-Rebe, die Petit Grains, verbreitet. In einigen Regionen wird die Muscat d'Alexandria zur Erzeugung von *Appellation-Contrôlée*-Weinen mit der Muscat à Petit Grains verschnitten, so für Beaumes-de-Venise, Frontignan, Rivesaltes und Lunel. Der international am häufigsten im Handel zu findende Muscat ist der Beaumes-de-Venise, der gut gekühlt sowohl vor als auch nach dem Essen getrunken werden kann. Vorzüglichen Muscat Beaumes-de-Venise vertreiben die Caves des Vignerons und die Domaine de Durban.

Am östlichen Teil der spanischen Mittelmeerküste wird ein besonders reizvoller und aromatischer Aperitifwein erzeugt, der Moscatel de Valencia, dessen erfolgreichstes Label der Castillo de Liria ist. An der portugiesischen Atlantikküste in der Nähe von Lissabon wächst der berühmte Moscatel de Setubal.

Kalifornien ist die Heimat eines besonders delikaten Muscatwein-Aperitifs namens »Essencia«, der von Andrew Quady aus der Orange-Muscat-Traube erzeugt wird.

### HERSTELLUNG

Die meisten Muscats werden zum baldigen Verbrauch produziert und – bis auf den portugiesischen Moscatel de Setubal – nicht lange gelagert. Die meisten Muskattrauben werden spät gelesen, um den höchstmöglichen Gehalt an natürlichem Traubenzucker und Aroma zu garantieren. Die Trauben werden mit ihren Schalen zerkleinert. Je nachdem, welcher Muscats erzeugt werden soll, wird im idealen Stadium Traubendestillat zugefügt. Der Zusatz dieses hochprozentigen Alkohols beendet die Gärung und erhält die natürliche Süße der Trauben. Oft ist das der Fall, wenn die Schalen noch beim Wein sind, so daß die feinen Aromen herausgezogen werden. Danach wird der Wein verschnitten, gefiltert und anschließend ein oder mehr Jahre in Behältern aus Fiberglas, Edelstahl oder in Eichenfässern gereift.

# MOSCATEL DE SETUBAL
## JOSÉ MARIA DA FONSECA

## *Ein einzigartiger Wein aus Portugal*

Fast überall in Europa muß ein sortenreiner Wein – kenntlich an der Angabe der jeweiligen Rebsorte auf dem Etikett – zu 100 Prozent aus der angegebenen Traube produziert werden. Bei dem portugiesischen Moscatel de Setubal ist das allerdings nicht der Fall. Als José Maria da Fonseca seinen Wein 1834 zu produzieren begann und in den Handel brachte, entschied er sich für eine Cuvée. Die bestand zu 70 Prozent aus Moscatel de Setubal. Den Rest stellten vier andere lokale Sorten: Arinto-, Boais-, Rabo-de-Ovelha- und Rupeiro-Trauben; diese vier Rebsorten, die nicht zur großen Familie der Muskatellertrauben gehören, geben der Mischung ihre Frische und Säure. Dieses Verhältnis wurde für die Ursprungsbezeichnung (port. *Região demarcada*) Moscatel de Setubal grundsätzlich festgelegt, als dieser Wein 1907 gesetzlich geschützt wurde.

| AUF EINEN BLICK | |
|---|---|
| ZUSAMMENSETZUNG | *Wein, Traubendestillat und Traubensaft* |
| HERKUNFTSLAND | *Portugal* |
| JAHRESABSATZ | *420 000 Flaschen* |
| HAUPTABNEHMER | *Portugal, Schweden, Norwegen und USA* |
| AUSZEICHNUNGEN | *Goldmedaille Paris 1885* |
| BESICHTIGUNGEN | *möglich* |

*Seit der Antike werden in der
Region Reben angepflanzt*

Um 1850 erzeugte José Maria seinen Moscatel auf Rebflächen, die den Atlantikhafen Setubal, unmittelbar südlich von Portugals Hauptstadt Lissabon, einrahmten, und exportierte ihn nach Brasilien, USA, Südafrika und eine Anzahl europäischer Länder. Eine Goldmedaille auf der Pariser Weltausstellung 1885 verhalf dem Wein weltweit zu noch größerem Ansehen.

Die Herstellungsmethode kann als einzigartig bezeichnet werden. Der Maische aus Saft, Fruchtfleisch und Schalen der Trauben wird bereits in einem frühen Stadium der Vergärung Traubendestillat zugesetzt, um die Fermentation zu stoppen und den jungen Wein zu verstärken. In großen Fässern werden der vergorenen Mischung dann weitere frisch gepreßte Trauben zugesetzt, damit der Wein sein unverwechselbares, blumiges Aroma erhält. Nach dem Filtern reift der Wein in kleinen Eichenfässern mindestens fünf Jahre.

*Weinkeller des Hauses José Maria da Fonseca*

# PFIRSICH-APERITIFS

## Der Traditionelle und der Internationale

J ahrzehntelang versuchten Getränkehersteller, erstklassige Aperitifs mit Pfirsicharoma zu produzieren, doch nur wenigen gelang es. Immerhin gibt es aber zwei interessante Beispiele.

### RINQUINQUIN

In Forcalquier in der Provence ist dieser aparte Fruchtlikör als »Sieben-Pfirsiche-Aperitif« bekannt, da zu seiner Herstellung sieben verschiedene Sorten von Pfirsichen und die Essenz von mazerierten Pfirsichblättern benötigt werden. Dazu kommt ein Konzentrat aus Kräutern und Gewürzen, darunter Chinarinde (Chinin). Die gewonnene Flüssigkeit wird mit neutralem Alkohol und einer Rohrzucker-Lösung vermischt. Rinquinquin ist ein köstlich-fruchtiger Aperitif mit fein nuancierten Pfirsicharomen und einem Anklang an Aprikose und Vanille. Im Abgang erinnert er an Pfirsichkerne. Dieser Aperitif-Likör sollte immer pur und gut gekühlt serviert werden.

### ARCHER'S

Archer's wurde erstmals 1989 in Kanada erzeugt. Er ist ein Likör auf der Basis von Pfirsichen aus den Südstaaten der USA, die in Virginia weiterverarbeitet werden. Der klare 23prozenter, ohne künstliche Aromen hergestellt, läßt sich mit kaltem Sekt zum Aperitif auffüllen. Gut ist auch »Peach Velvet«: 3 cl Archer's, 1 cl Grenadine und 3 cl Orangensaft schütteln, mit Sekt oder Champagner auffüllen.

# PINEAU DES CHARENTES

## Des Cognacs süßer Verwandter

D er Pineau des Charentes ist insofern ein einzigartiger Aperitif, als er ausschließlich aus Trauben produziert werden darf, die in der *Appellation Contrôlée Cognac*, der Heimat des nobelsten aller Weinbrände, wachsen. Jahrhundertelang verwendeten die meisten Weinbauern für ihren Pineau die Cognac-Reben Folle Blanche, Ugni Blanc und Colombard, heute sind die Vorschriften weniger streng.

### HERSTELLUNG

Dem Most aus vollreifen, süßen Trauben wird gleich nach dem Keltern junger Cognac zugesetzt, um die Gärung zu verhindern. Dieses Aufspriten des unvergorenen Mostes trägt gleichzeitig dazu bei, daß das volle Fruchtaroma und die Traubensüße erhalten bleiben – ein Merkmal dieses Aperitifs. Pineau des Charentes ist also eine Mistelle. Nach dem Aufspriten wird diese Mistelle – je nach gewünschter Qualität – in Eichenfässern aus dem Limousin oder dem Tronçais gereift. Manche Pineaus reifen sogar zehn Jahre.

Pineau des Charentes wird als weiße und als rote Ausführung von rund 600 Erzeugern in den Handel gebracht, von denen die meisten nur kleine Mengen anbieten. Aber auch von großen Cognac-Häusern gibt es diesen Aperitif. Renommierte Pineau-Hersteller sind Jules Robin und Château de Beaulon.

*Christian Thomas in der Destillerie von Château de Beaulon*

# CHÂTEAU DE BEAULON

*Der noble Aperitif*

D as Château de Beaulon in dem kleinen Dorf Saint-Dizant-de-Gua wurde 1480 erbaut, doch erst 1712 durch Louis-Amable de Bigot zum Weingut. Heute ist es im Besitz von Christian Thomas, der als einer der angesehensten Erzeuger von Pineau des Charentes gilt.

Dieses überragende Beispiel eines Pineau enthält edle Bordeaux-Rebsorten. Für den Pineau Blanc (weiß) werden Semillon und Sauvignon Blanc verwendet, für den Pineau Rouge (rot) Cabernet Sauvignon, Cabernet Franc und Merlot. Beide Sorten kommen fünf und zehn Jahre alt in den Verkauf. Der verwendete Cognac stammt immer von eigenen Weinbergen des Château.

Für den Pineau Blanc Vieille Réserve Or werden ausschließlich weiße Trauben – 80 Prozent Semil-

 AUF EINEN BLICK

| | |
|---|---|
| ZUSAMMENSETZUNG | *unvergorener Traubenmost und Cognac* |
| HERKUNFTSLAND | *Frankreich* |
| HERSTELLUNGSORT | *Château de Beaulon, Saint-Dizant-de-Gua* |
| JAHRESABSATZ | *350 000 Flaschen* |
| HAUPTABNEHMER | *Kanada, Belgien und Dänemark* |
| AUSZEICHNUNGEN | *1 Goldmedaille 1904 in St. Louis und 7 Goldmedaillen zwischen 1980 und 1995 auf der Vinexpo, Bordeaux* |
| BESICHTIGUNG | *nach Anmeldung möglich* |

## TYPEN UND CHARAKTERE

**5jähriger Château de Beaulon Pineau Blanc:**
zartgold mit aromatischem Bukett; sehr fruchtig mit süßer Note

**5jähriger Château de Beaulon Pineau Rouge:**
von samtigem Rot und fruchtigem Bukett; sehr rund und weich am Gaumen mit gehaltvollem süßem Nachklang, in welchem guter Cognac durchklingt

**10jähriger Château de Beaulon Vieille Réserve Or:**
tiefgolden, mit edler Cognac- und Vanille-Nase; elegant am Gaumen, zitroniges Aroma und langer, süßer Abgang

**10jähriger Château de Beaulon Vieille Réserve Ruby:**
mahagonifarben, mit einem Duft, der einen Anklang von Blüten und Pflaumen hat, sehr voll am Gaumen und recht kraftvoll und lang im Abgang

SERVIERVORSCHLÄGE für alle Pineaus des Charentes:
☆ gekühlt, aber ohne Eis, im tulpenförmigen Glas
☆ kühl, mit einem Schuß Champagner

lon und 20 Sauvignon Blanc – verwendet. Der Pineau Rouge Vieille Réserve Ruby ist eine Mischung aus 85 Prozent Cabernet Franc und 15 Prozent Merlot. Der weiße Typ wird auf die herkömmliche Weise ausgebaut, reift dann allerdings mindestens zehn Jahre in Fässern von speziell ausgesuchter, breitgemaserter Eiche aus dem Limousin. Für den roten Pineau des Charentes in der Réserve-Qualität bleibt der Traubensaft so lange auf den Schalen stehen, bis er daraus genügend Farbe, Aroma und typische Stoffe gezogen hat. Anschließend reift er zehn Jahre. In dieser Zeit verwandelt sich sein ursprüngliches Purpurrot in eine Mahagonifarbe. Nach dieser ungewöhnlich langen Reifezeit wird der Pineau vor dem Abfüllen noch gefiltert.

*Château de Beaulon*

# PORTWEIN

## Der portugiesisch-britische Klassiker

P ortwein verdankt seinen Erfolg als internationaler Wein zum großen Teil der turbulenten politischen Situation, die im 17. Jahrhundert in Europa herrschte. Wenn auch vielleicht der Titel »Ältestes Portwein-Haus« der 1638 gegründeten, in holländischem Besitz befindlichen Firma Kopke gebührt, so waren danach die meisten Portweinhäuser doch britisch oder portugiesisch. Das älteste der in britischer Hand befindlichen Häuser, Warre, wurde 1670 gegründet –

ein wichtiges Datum als Erklärung dafür, daß die Briten als Portwein-*Shippers* ab 1660 so aktiv wurden: Zu jener Zeit erschwerte England die Einfuhr von französischen Weinen aus politischen Gründen zunehmend und räumte dafür dem verbündeten Portugal mehr Vergünstigungen ein.

*Sandeman's Quinta do Vau am Douro*

### DIE PORTWEIN-REGION

Die Reben für den Portwein wachsen im Norden des Landes, im Douro-Tal und seinen Nebentälern. Die Rebflächen beginnen landeinwärts rund 100 km östlich der Hafenstadt Porto – die dem »Port« ihren Namen gab – und erstrecken sich am Flußufer entlang bis hinauf zur spanischen Grenze. Der Wein wird am mittleren und oberen Douro in den Weinbergen rings um die *quintas* (Weingüter) erzeugt und später nach Vila Nova de Gaja, gegenüber von Porto, gebracht, wo er ausgebaut, gelagert, abgefüllt und verschifft wird.

Etwa drei Jahrhunderte lang war es allgemein üblich, den Wein nach der Vinifikation bis zum Frühling im Anbaugebiet zu lagern, bevor er in

*Die Entwicklung des Portweines vom roten bis zu den verschiedenen Tawny-Typen*

Eichenfässern, den *pipes*, auf Lastkähnen, den *barcos rabelos*, flußabwärts verschifft wurde. (Eine *pipe* hat ein Fassungsvermögen von rund 500 Litern und wurde ursprünglich aus dem Holz eines in Portugal heimischen Baumes gefertigt, der als *pipas* bezeichnet wurde.) In der neueren Zeit wurde die Tradition, den Wein auf dem Douro hinab zu transportieren, aufgegeben. Tanklastwagen bringen die gewaltigen Mengen Wein zu den Lagerhallen an der Flußmündung, wo er sofort gemischt und eingelagert wird.

### PORTWEIN ALS APERITIF

Auf nicht wenigen Getränkekarten in Deutschland wird pauschal ein »Portwein«, ein Tawny mit Altersangabe oder sogar ein Vintage Port in der Rubrik »Aperitifs« angeboten. Das ist nicht Service, sondern Unsinn: Als Aperitifs, die ja hierzulande fast immer unmittelbar vor dem Essen eingenommen werden, eignen sich nur die weißen Ports und jüngere Tawnys ohne Altersangabe, sofern diese gut und nicht übermäßig süß sind. Rubys sind zu süß, alte Ports und erst recht Jahrgangs-Ports (Vintage) zu schade für den »schnellen Schluck«.

Portwein war von jeher ein Rotwein, so daß viele Konkurrenten sehr erstaunt waren, als das Haus Taylor, Fladgate & Yeatman, dessen Taylor's als »Rolls Royce unter den Ports« galt und gilt, 1935 erstmalig einen weißen Port herstellten und ihn »Chip Dry« nannten. Heute bietet fast jedes der führenden Portweinhäuser einen weißen Port an, doch ist die Mehrheit davon naturgemäß ziemlich süß.

## HERSTELLUNG

Zur Herstellung von Portwein sind etwa 40 Rebsorten zugelassen. Die zermahlenen Trauben (ohne Stiele) beginnen in verschlossenen Tanks zu gären. Wenn der natürliche Traubenzucker in der Maische etwa zur Hälfte vergoren und ein Alkoholgehalt von rund 8%vol. erreicht ist, wird die Maische ausgepreßt, der Most darf weitergären, bis der gewünschte Süßegrad erreicht ist. Die Zugabe von 77prozentigem, reinstem Traubendestillat (100 Liter auf 450 Liter Most) macht der Fermentation ein Ende und erhält die willkommene Restsüße.

Die billigen unter den Tawny Ports sind Verschnitte von blassem, leichtem Rot- mit Weißwein, aber die guten sind so lange gereift, bis aus dem rubinroten Wein ein lohfarbener (eng. *tawny*) wurde.

Sandeman wie Taylor's bringen feine weiße Ports auf den Markt, die überall erhältlich sind.

### PORTWEIN RICHTIG SERVIEREN

Sowohl junger Tawny als auch White Port sollten immer gekühlt oder aber – kein Fauxpas – auf Eis serviert werden. Weißer Port läßt sich gut zum Longdrink auffüllen, jüngere Tawnys unter zehn Jahren können auf Eis ein Genuß sein. Lagerung im Keller ist in keinem Fall nötig, beide Typen können sofort nach dem Kauf getrunken werden.

*Eichenfässer in den »lodges« von Sandeman*

# SANDEMAN PORT

## Ein Original als Gründer

Im Jahre 1790 machte sich der Schotte George Sandeman von Perth nach London auf und begann dort mit Portwein zu handeln. Es heißt, er habe 1791 als erster einen Vintage Port importiert, wenige Jahre später dehnte er seinen Import auf Sherry aus. Bald bekam er wegen seines exzentrischen Auftretens und seiner »Blumenkohl-Ohren« den Spitznamen »Old Cauliflower Ears«.

Der Ruf des Hauses Sandeman fußt auf seinen beliebten Sorten, die, wie nahezu sämtliche Port-weine, Verschnitte vieler Einzelweine sind. Zwei, Sandeman's White Port und Sandeman's Imperial Tawny, sind ideale Aperitifs. Sandeman White Port wird aus weißen Rebsorten gekeltert, deren Most in temperaturgesteuerten Edelstahltanks vergoren wird, um die Frische und Fruchtigkeit zu erhalten. Sandeman Imperial Tawny ist ein hochwertiger,

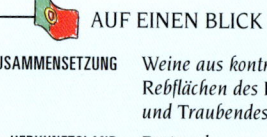 AUF EINEN BLICK

| | |
|---|---|
| ZUSAMMENSETZUNG | *Weine aus kontrollierten Rebflächen des Douro-Tals und Traubendestillat* |
| HERKUNFTSLAND | *Portugal* |
| HERSTELLUNGSORT | *Douro-Tal (Anbau) und Vila Nova de Gaja (Reifung)* |
| HAUPTABNEHMER | *Frankreich, Belgien, USA, England und Japan* |
| BESICHTIGUNGEN | *Sandeman hat ein bemerkenswertes Besucher-Zentrum neben seinem Hauptsitz in Vila Nova de Gaia; auch ein Besuch in den »Quintas« im oberen Douro-Tal, wo der Wein angebaut wird, ist möglich* |

gut ausgereifter Tawny, dessen Grundweine aus den Rebsorten Touriga Nacional, Touriga Francesca, Tinta Roriz, Tinta Barocca und Tinta Cào gekeltert wurden. Sie stammen entweder von eigenen Weinbergen oder von Weinbauern, die das Haus Sandeman – das mit dem Alkohol-Multi Seagram eng verbunden ist – seit Generationen beliefern.

## SERVIER-VORSCHLÄGE

Sandeman White Port ist strohblond, mit frischem Bukett, am Gaumen trocken mit einem Hauch von Süße und einem erfrischenden Nachgeschmack.

Er sollte wie folgt serviert werden:

☆ pur und gut gekühlt

☆ pur auf Eis

☆ auf Eis mit Tonic und einer Scheibe Zitrone

☆ auf Eis mit Zitronenlimonade

Sandeman Imperial Tawny ist bernsteinfarben und hat einen voll ausgereiften, intensiven Duft, der sich am Gaumen mit dem köstlichen Aroma tropischer Früchte fortentwickelt.

Servierempfehlung:

☆ pur mit etwa 16 °C

☆ pur und gut gekühlt

## TAYLOR'S PORT

### Qualität ist das Credo

D as angesehene Portweinhaus, allgemein als Taylor's bekannt, firmiert offiziell als Taylor, Fladgate & Yeatman, den Namen der drei Partner, die es 1844 übernahmen. Gegründet wurde es 1692 von Job Bearsley; 1816 trat der erste Taylor ein, doch am Ende des 19. Jahrhunderts war die Linie ausgestorben. Heute ist die Firma im gemeinsamen Besitz von Alistair Robertson, Huysshe Bower und Bruce Guimaraens. Zu den außergewöhnlichen Persönlichkeiten der Firma gehörte Frank »Smiler« Yeatman, der 53 Jahre lang einer der Partner war und sich persönlich um 50 Weinlesen kümmerte. Das Haus Taylor's ist nach wie vor ein unabhängiges Unternehmen.

Portwein-Fans sind einhellig der Meinung, daß die vier von Taylor's produzierten Tawnys einzigartig sind. Taylor's 10, 20, 30 und 40 Years Old Tawnys sind verschnittene Weine, die angegebene Zahl deutet auf ihr ungefähres Alter hin bzw. auf die durchschnittliche Zeit, die sie in Fässern aus Eichenholz im Keller reiften.

| AUF EINEN BLICK | |
|---|---|
| ZUSAMMENSETZUNG | Weine und Traubendestillat |
| HERKUNFTSLAND | Portugal |
| HERSTELLUNGSORT | Douro-Tal (Anbau) und Vila Nova de Gaja (Reifung) |
| HAUPTABNEHMER | England, USA, Frankreich |
| AUSZEICHNUNGEN | zahlreich, doch nicht aufgelistet |
| BESICHTIGUNGEN | möglich, Adresse: Rua do Choupelo 250, 4401 Vila Nova de Gaia |

Neben dem Alter ist auf den Etiketten dieser *Dated Ports* (Portwein mit Altersangaben) auch das Abfülljahr angegeben. Alle Weine sind trinkfertig. Im Gegensatz zu Vintage Ports (Jahrgängen) werden die Tawny und White Ports in der Flasche nicht mehr besser.

## SERVIERVORSCHLÄGE

Taylors »**Chip Dry**« *ist von goldblonder Farbe, besitzt ein frisches, fruchtiges Aroma und ist am Gaumen extrem trocken mit langanhaltendem, traubig-weichem Nachgeschmack.*

*Er kann wie folgt serviert werden:*

☆ *auf Eis in einem Tumbler*

☆ *als Longdrink in einem Longdrink-Glas mit Tonic, Soda oder Limonade*

**Taylors 10 Year Old Tawny** *ist einer der dunkelsten Tawnys, mit reichem, vollem Aroma; er ist überraschend lebhaft am Gaumen mit traubig-weichem Abgang.*

**Taylors 20 Year Old Tawny** *besitzt die eher klassische, tief rostrote Farbe, einen feinen, eleganten Duft und eine köstliche Balance zwischen fruchtiger Note und Gerbsäure, mit einem langanhaltenden nussigen, fast honigartigen Nachgeschmack.*

*Serviervorschlag für beide:*

☆ *leicht gekühlt im kleinen Portweinglas*

☆ *auf Eis (bei heißem Wetter)*

☆ *mit etwa 18 °C (bei kühlem Wetter)*

**Taylors 30 Year Old Tawny** *variiert wegen seines Alters gelegentlich in der Farbe, häufig ist er rubinrot mit bernsteinfarbenen Nuancen. Er ist ein edler, harmonischer Wein mit elegantem Aroma und einem körperreichen Nachgeschmack.*

*Serviervorschlag:*

☆ *mit 16 – 18 °C im Portweinglas*

Bei Taylor's wird gern gesagt, daß »bis heute keine Maschinen die Sensibilität der Hände, Augen oder Füße des Menschen ersetzen können«. Die Firma untermauert diese Behauptung, indem sie ihre

Trauben mit der Hand pflücken und sie in steinernen *lagares* nach alter Sitte mit Füßen treten läßt. Allerdings wird diese ursprüngliche Methode des Einmaischens auch in diesem qualitätsbewußten Haus nicht mehr für alle, sondern nur noch für die Trauben jener Weine angewandt, die zu den Spitzenerzeugnissen ausgebaut werden sollen, weil schon das Lesegut die Anlagen dafür hat.

*Das Lesegut kurz vor dem Keltern*

Vor allem auf seinen beiden, als höchstrangig eingestuften Weingütern Quinta de Vargellas und Quinta de Terra Feita läßt das Haus Taylor's noch nach traditionellen Methoden arbeiten. Es kann sich diesen Luxus leisten, weil seine Spitzenqualitäten – wie der famose Vintage 1992 – regelmäßig für Spitzenpreise bei diversen Auktionen gut sind. Das soll aber nicht von der zum Aperitif prädestinierten Standardqualität Chip Dry (20%vol.) ablenken, auf die das Wort »Standard« wirklich nicht paßt. Dieser »wie ein Holzspan trockene« (engl. »as dry as a chip«) White Port wird überwiegend aus Malvasia-Fina-Reben gekeltert, ist völlig durchgegoren und reift etwa fünf Jahre in Eichenfässern.

*Weißer Port mundet*
*gekühlt am besten*

# SHERRY

*Der köstlichste Wein des Grenzlandes*

Sherry ist zuerst einmal ein trockener Weißwein, vorwiegend aus der Rebsorte Palomino, der mit Weingeist aufgespritet wird. Sowohl der Wein als auch das Destillat müssen aus Trauben des gesetzlich genau definierten Anbaugebietes in der Region Cadiz stammen, dessen Weinberge zu den ältesten Westeuropas gehören. Die einzelnen Sherry-Typen werden im allgemeinen mit dem klebrig-süßen, dunkelbraunen Wein aus der Rebsorte Pedro Ximénez (abgekürzt: PX) auf den jeweiligen Süßegrad gebracht; gelegentlich wird dafür auch eine süße Moscatel-Sorte verwendet.

Zentrum der Erzeugung ist die südlich von Sevilla gelegene Stadt Jerez de la Frontera, von der sich der Name »Sherry« ableitet. Das Klima dieser Region gehört zu den heißesten Europas, was einige Winzer schon 1875 bewog, die nächtliche Weinlese einzuführen. In Übersee wird die Nachtlese häufig praktiziert.

*Rebflächen mit Sherry-Trauben*

Die Palomino-Rebe hat sich in der Region Jerez als besonders ertragreich erwiesen, sie deckt neun Zehntel der Rebfläche. Aus ihr werden viele gute Weine erzeugt, darunter einige besonders edle. Die Pedro Ximénez, in anderen Regionen Spaniens viel verbreiteter, wird in der Region Jerez nur selten als rebsortenreiner Wein abgefüllt. Pedro-Ximénez-Weine sind süß und von hoher Qualität, haben einen fruchtigen Geschmack und ein besonderes Aroma, vor allem, wenn die dünnschaligen Trauben vor dem Pressen noch der Sonne ausgesetzt wurden. Die dritte Sherry-Traube, die Moscatel, wird in Jerez in kleineren Mengen angebaut und zu gleichnamigen Weinen von hervorragender Qualität ausgebaut. Diese werden hin und wieder als »Süßstoff« für hochwertige, süßere Sherrys eingesetzt.

## HERSTELLUNG

Ein Großteil der Mystik, die der
Sherry-Erzeugung anhaftet, ist im
Zusammenhang mit den lang-
gestreckten, hohen, Kathedralen
ähnlichen Weinkellern zu sehen,
den sogenannten *bodegas*, die vor
einigen Jahrhunderten in dieser
Form gebaut wurden, um den
Wein während des Gärungsspro-

*Die Rebsorte Palomino Fino*

zesses in den Fässern kühl zu halten. Der stürmisch verlaufenden
Hauptgärung des Mostes folgt eine langsame (Fein-)Gärung. Da in
Jerez die Gärbehälter nie völlig gefüllt werden, bleibt über dem Most
ein Luftraum. Auf dem jungen Wein – freilich nicht auf jedem – bildet
sich nach Abschluß der alkoholischen Gärung die »Blume« (span.: *flor*),
hefeähnliche Kahmpilze, die Zucker nicht in Alkohol umwandeln können, sondern ihn und Sauerstoff zum Überleben brauchen. Deshalb
wird Wein, auf dem sich *flor* gebildet hat, auf 15 bis 15,5%vol. aufgespritet. Most mit wenig Blume und höherem Alkoholgehalt wird auf bis zu
18%vol. verstärkt; das Wachstum von *flor* ist damit beendet. In dieser
Phase entscheidet sich, ob ein Wein zu *Fino* (mit *flor*) oder zu *Oloroso*
(ohne *flor*) ausgebaut wird. Das sind die beiden Grundtypen des

*Tio Pepes Bodega Las Copas*

Sherrys; alle anderen (*Manzanilla*,
*Manzanilla Pasada*, *Palo Cortado*,
*Amontillado*, *Cream*) sind Zwi-
schenstufen oder Varianten dieser
beiden Grundformen. Sie entstehen entweder auf natürliche Weise
wie der *Palo Cortado* durch Abster-
ben der *flor* oder wie der *Cream* ge-
wollt durch gezieltes Süßen. Auch
der oft als »Medium Dry« etiket-
tierte *Amontillado* wird gesüßt.

Reifung und Verschnitt von
Sherry geschieht in der *Solera:*

Lange Reihen von Fässern werden vierfach übereinander gestapelt. Der Wein, der abgefüllt werden soll, wird der untersten Reihe entnommen, diese Menge (immer nur ein Teil des Inhalts) aus der darüberliegenden Reihe ersetzt, in diese wird Sherry aus der dritten Reihe nachgefüllt, und in jene wiederum Wein aus der obersten Reihe, die zuletzt mit jungem, frischem Sherry aufgefüllt wird.

# DIE VERSCHIEDENEN SHERRY-TYPEN

### FINO

Der *Fino*, von vielen als der klassische Sherry-Typ angesehen, sollte immer kühl getrunken werden. In der Region Jerez werden von den Einheimischen fast ausschließlich *Fino* oder *Manzanilla* getrunken. Der *Fino* ist meist hell und strohfarben und gilt als der eleganteste und

*Trauben kurz vor der Vinifikation*

delikateste der Sherry-Typen, mit einem frischen Bukett und trocken am Gaumen. In Südspanien ist er der stilechte Begleiter zu *tapas* und Schalentieren. Andernorts wird er meist als Aperitif gereicht, vor allem mit Nüssen und Oliven. Viele Sherry-Häuser betrachten ihren *Fino* als ihr »Flaggschiff«. Gonzales Byass' Tio Pepe, Pedro Domecqs La Ina und Garveys San Patricio sind Beispiele für *Finos*, die zu eigenständigen Markenbegriffen wurden.

### MANZANILLA

Dieser Typ ist ein *Fino*, der in Sanlúcar de Barrameda produziert wird. Sein leicht salziges Aroma verdankt er wohl der Nähe der *bodegas* zum Atlantik. Der *Manzanilla* hat weniger Alkoholgehalt und ist eher noch etwas für Kenner, weshalb auch die Marken dieses Typs weniger vertraut sind als die der führenden *Finos*. Doch Hidalgo la Gitana, Delgado Zuleta La Goya, La Guita, Williams & Humbert, Allegría und Barbadillo sind durchweg verläßliche Namen.

## OLOROSO

Der Name bedeutet in spanisch »duftend«. Als junger Wein entwickelt ein *Oloroso*, bedingt durch das Fehlen von *flor* an der Oberfläche und die folglich eintretende Oxidation, schnell eine tiefere Farbe als der *Fino*. Von Natur aus ist er sehr trocken und wird häufig mit Pedro Ximénez versetzt, um einen halbtrockenen bis süßen Sherry herzustellen. Ein *Oloroso* ist wesentlich voller als ein *Fino* und besitzt generell mehr Körper als der *Amontillado*. Diese festere Struktur bedeutet, daß sich ein *Oloroso* in der Flasche häufig länger hält als andere Sorten. Der Sherry-Experte Julian Jeffs bemerkte einmal, Manuel Gonzalez Gordon von Gonzalez Byass habe den Nagel auf den Kopf getroffen, als er den *Fino* mit Mandeln, den *Amontillado* mit Haselnüssen und den *Oloroso* mit Walnüssen verglich. Der Matusalem Muy Viejo von Gonzalez Byass, der die Bezeichnung »sehr alter Methusalem« dem ältesten Mann in der Bibel verdankt, ist ein lang in Eichenfässern gereifter, aufgesüßter *Oloroso*, der allgemein als der edelste Vertreter dieses Typs angesehen wird. Er ist nicht gerade billig, dafür aber auch unvergeßlich. Ebenso bemerkenswert sind der Dry Oloroso sowie der Rich Old Oloroso aus der Almacenista-Serie von Lustau.

## AMONTILLADO

Der Begriff *Amontillado* tauchte erstmals in der zweiten Hälfte des 18. Jahrhunderts auf und ist wahrscheinlich ein Hinweis darauf, daß Sherry auf Montilla-Art (s. Kapitel Montilla) in der Solera altert.

Eigentlich ist *Amontillado* ein alter *Fino*, der aber im Gegensatz zu jenem nach der biologischen Reifung (unter *flor*) noch eine oxidative wie der *Oloroso* durchmacht. Die *flor* kann auf natürliche Weise abgestorben sein oder gezielt durch Aufspriten. Ein »echter« *Amontillado* ist stets trocken, lang gereift und ziemlich teuer. Es werden aber auch junge *Amontillados* mit Süßweinen verschnitten und gern als »Medium-Dry Amontillado« angeboten. Zu den beliebtesten *Amontillado Sherrys* gehören Emilio Lustaus Fine Dry Amontillado, Gonzalez Byass' La Concha, Crofts Particular Pale Amontillado, Don Ramos und Harvey's Club.

## PALO CORTADO

Der Sherry-Typ *Palo Cortado* wird zwar zur Familie der *Olorosos* gezählt, tatsächlich aber ist er ein völlig eigenständiger, trockener Wein, dessen ungemein volles Aroma und aparter Duft zwischen *Amontillado*, von dem er die Finesse hat, und *Oloroso*, dem er den geschmeidigen Körper verdankt, angesiedelt sind. Der *Palo Cortado* reift ohne *flor* und bringt es auf einen Alkoholgehalt zwischen 18 und 20%vol. Leider ist er ziemlich selten geworden, zumindest außerhalb seiner Heimat, und Liebhaber müssen ihn manchmal schon suchen.

### CREAM SHERRY

Diesen süßen Typ gibt es seit dem 19. Jahrhundert. In England war er schon immer sehr beliebt, in Nordeuropa ist er es nach wie vor. Beim *Cream* handelt es sich grundsätzlich um einen Verschnitt von *Oloroso* mit Süßwein, vorwiegend solchem der Sorte *Pedro Ximénez*. Nicht wenige *Creams* sind »Schnellschüsse«, aus kaum gereiftem, mäßigem *Oloroso* mit auch nicht besserem PX-Weinen

*Ein »Venenciador« bietet auf traditionelle Art Sherry an*

zusammengeschustert und alles andere als ein Genuß. Es gibt aber auch ausgezeichnete, gereifte Sherrys dieses Typs mit einem Aroma, das keinen Vergleich zu scheuen braucht. Ein *Pale Cream* ist normalerweise eine Mischung von *Finos* und hellen Süßweinen. Das ist der einzige *Cream Sherry*, der sich eventuell auch als Aperitif anbieten ließe, allerdings nur sehr stark gekühlt.

### DUNKLE SHERRYS

Es gibt auch nußbraune und dunkelbraune Sherrys, deren Farbe von dem beigemischten *Vino de Color*, einem klebrigen, natürlichen Sirup, stammt. Dieser wird aus unvergorenem Traubensaft gemacht, der auf kleinem Feuer in einem Kupferkessel eingedickt wird.

# CROFT ORIGINAL
## PALE CREAM SHERRY

*Eine Revolution im Markt*

Die Weinhandelsfirma Croft wurde 1676 in Porto gegründet und firmierte damals unter dem Namen Phayre & Bradley. In den Sherry-Markt stieg das Haus erst 1970 ein, als es seine wunderschönen neuen *bodegas* außerhalb von Jerez de la Frontera eröffnete. Croft überraschte die alteingesessenen Sherry-Häuser mit der Einführung des allerersten Pale Cream Sherrys. Einige eher traditionelle Sherry-Produzenten begegneten diesem neuen Typ kritisch und behaupteten abschätzig, das sei kein »echter« Sherry. Auch mißbilligten sie die Form der für die Region untypischen Flasche. In den folgenden Jahren nahm bei alteingesessen Häusern der Absatz jedoch stetig ab, während sich Croft einen riesigen Markt eroberte.

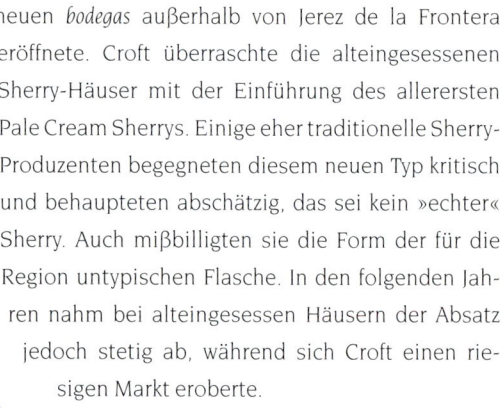

**AUF EINEN BLICK**

| | |
|---|---|
| ZUSAMMENSETZUNG | *Weine, Mistelle oder konzentrierter Traubensaft, Weingeist* |
| HERKUNFTSLAND | *Spanien* |
| HERSTELLUNGSORT | *Rancho Croft, Jerez de la Frontera* |
| HAUPTABNEHMER | *England, Irland, Spanien* |
| AUSZEICHNUNGEN | *Goldmedaille Spanische Wein-Olympiade 1976 und The International Wine and Spirit Competition, London 1990* |
| BESICHTIGUNGEN | *nur nach persönlicher Einladung* |

Croft macht immer noch ein Geheimnis um dieses Produkt. Basis sind Finos, und möglicherweise verwendet das Haus für seinen Original etwas Moscatel-Wein aus der dritten der in der Region Jerez zugelassenen Rebensorten und fügt eine Mistelle (oder nur konzentrierten Traubensaft?) der gleichen Sorte hinzu.

Croft produziert außerdem einen hellen Medium-Dry Amontillado Sherry, den »Particular«. Er ist geschmacklich leichter und trockener als der Croft Original Pale Cream. Crofts edelster Sherry wird allerdings nur in kleinen Mengen hergestellt: Croft Limited Edition, der lediglich in halben Flaschen verkauft wird, ist ein sehr alter Pale-Cream-Sherry, der goldfarben und am Gaumen prägnant ist.

Die durchschnittliche Lagerungszeit der Weine beträgt zwölf Jahre.

*Rebflächen mit »bodega« im Hintergrund*

## SERVIERVORSCHLÄGE

Croft ist ein hellblonder Sherry mit attraktiver, frischer Nase, am Gaumen süß, angenehm rund mit erfrischendem Nachgeschmack.

Alle Croft-Sorten servieren Sie am besten wie folgt:

✰ gut gekühlt

✰ auf Eis

✰ auf Eis mit Tonic-Wasser

# DOMECQ LA INA

## Die irisch-baskische Verbindung

**D**enkt man darüber nach, ist es eigentlich nicht verwunderlich, daß das berühmte Sherry-Haus Pedro Domecq 1730 von einem irischen Pferdehändler namens Paddy Murphy gegründet wurde: Sowohl Andalusien als auch Irland sind seit Jahrhunderten berühmt für

ihre Pferdezucht, und um 1700 blühte der Handel zwischen den beiden besonders. Es dauerte noch einige Generationen, bevor Pedro Domecq, ein Franzose aus dem Baskenland, einen Anteil am Geschäft erbte und den Firmennamen entsprechend änderte. Seine Nachfolger errichten die La Ina-*solera* im Jahre 1922.

Der Name »La Ina« leite sich, so der verstorbene José Ignacio Domecq, von dem maurischen Schlachtruf »Aina« ab, und war eine Anspielung auf eines seiner bevorzugten Hasenreviere, wo er vor der Hetzjagd stets ein kühles Glas köstlichen Fino-Sherry genoß.

| AUF EINEN BLICK | |
|---|---|
| ZUSAMMENSETZUNG | Trockener Weißwein aus 100% Palomino-Trauben, Weingeist aus Trauben der Jerez-Region |
| HERKUNFTSLAND | Spanien |
| HERSTELLUNGSORT | Jerez de la Frontera |
| HAUPTABNEHMER | Spanien, England, Holland |
| AUSZEICHNUNGEN | Hoflieferant H.M. Queen Elizabeth II |
| BESICHTIGUNGEN | *möglich, Adresse:* Besucherzentrum Calle San Ildefonso 3, Jerez täglich außer Wochenende um 10.00, 11.00 und 12.00 Uhr |

Die Trauben für die Grundweine dieses Typs werden im September von Hand gepflückt, und der Saft wird nach dem Keltern in Fässer gefüllt, wo er so lange gären darf, bis sich der gesamte Traubenzucker in Alkohol umgewandelt hat – was in der Regel bis spätestens März des folgenden Jahres geschieht. Anschließend wird der Wein klargefiltert und mit Weingeist aufgespritet, bevor er zum Reifen in die Eichenfässern der *bodegas* von Domecq kommt. Bis Juli hat sich dann auf der Oberfläche des Jungweines *flor* zu bilden begonnen. Nach einem Jahr wird der Wein in eine Solera gegeben, wo er reift und mit seinesgleichen verschnitten wird. Domecq La Ina ist der weltweit am zweithäufigsten gekaufte *Fino* und zweifellos ein Spitzenprodukt.

> ### SERVIER-VORSCHLAG
>
> La Ina *ist ein heller, strohblonder Sherry mit frischem Bukett und einer leichten Hefenote. Am Gaumen trocken und ausdrucksstark, mit Mandel- und Zitrustönen und langem, harmonischem Abgang.*
>
> Domecq La Ina *wird wie folgt serviert:*
>
> ☆ *gut gekühlt, in einer halbgefüllten Copita; sehr gut mit Tapas*

*Palomino-Trauben*

## *Des Onkels Lieblingsgetränk*

Tio Pepe – zu deutsch »Onkel Joseph« – verdankt seinen Ursprung der Dankbarkeit eines vaterlosen Jungen, dessen Gesundheit so angegriffen war, daß man nicht glaubte, er würde noch lange leben. Der Knabe, Manuel Gonzales Angel, wohnte mit seiner verwitweten Mutter und sieben Geschwistern in Sevilla. Sein Onkel Pepe, der im Hafen von Sanlucar mit Manzanilla-Wein handelte, kümmerte sich um ihn. Entgegen allen Erwartungen wuchs Manuel zu einem kräftigen jungen Mann heran, der sich in Jerez niederließ und allerlei Arten von Sherry zu exportieren begann. Tio Pepe war ein häufiger Besucher in Manuels Weinkeller, wo er ein ganz bestimmtes Fäßchen Fino zu seinem Lieblingswein erkor. Da Manuel nur allzu gern

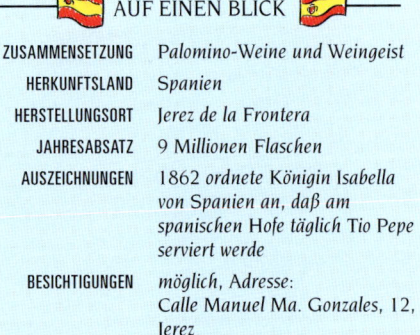

| AUF EINEN BLICK | |
| --- | --- |
| ZUSAMMENSETZUNG | Palomino-Weine und Weingeist |
| HERKUNFTSLAND | Spanien |
| HERSTELLUNGSORT | Jerez de la Frontera |
| JAHRESABSATZ | 9 Millionen Flaschen |
| AUSZEICHNUNGEN | 1862 ordnete Königin Isabella von Spanien an, daß am spanischen Hofe täglich Tio Pepe serviert werde |
| BESICHTIGUNGEN | möglich, Adresse: Calle Manuel Ma. Gonzales, 12, Jerez montags bis freitags 10.00 bis 13.00 Uhr und 17.00 bis 19.00 Uhr samstags 11.00 und 12.30 Uhr (gegen Eintrittsgeld) |

sicherstellen wollte, daß des Onkels Lieblings-Sherry jederzeit verfügbar war, ließ er dessen Faß mit »Tio Pepe« kennzeichnen.

Die Kunde von diesem eleganten Fino verbreitete sich. Bald standen zwei »Tio Pepe«-Fässer da, und so begann der Erfolg einer Marke. Längst hat dieser Sherry eine herzliche Beziehung verewigt.

Tio Pepe, beliebtester Fino Sherry und meistverkaufter spanischer Wein weltweit, ist ein klassischer Aperitif. Er wird sortenrein aus Palomino-Fino-Trauben des Jerez Superior gekeltert und reift etwa sechs Jahre in der Solera. Er hat 15,5%vol. und ausgeprägte Frucht- und Hefetöne im Aroma.

*Manuel Gonzales Angel*

# HARVEY'S
## BRISTOL CREAM

## *Die Sahne der Bristol-Milch*

**B**ristol im Südwesten Englands erlangte für den Weinhandel größere Bedeutung, als sein Hafen in einer Zeit ständiger Feindschaft zwischen England und Frankreich Anlaufstelle für die alternative Route benutzt wurde, auf der Weine aus Spanien und Portugal herangeschafft wurden. In der Folge wurde Sherry außerordentlich beliebt, wobei ein besonders süßer Typ, der »Bristol Milk«, in Mode kam. Dies war eine Typenbezeichnung, die besagte, daß der Sherry von einem Händler, der dort eine Kellerei besaß, über Bristol verschifft wurde. In der Zeit um 1880 nahm eines Tages eine adelige französische Kundin bei John Harvey & Sons in deren in Hafennähe gelegenem Weinkeller in der Denmark Street an einer Verkostung teil. Ihr

| AUF EINEN BLICK | |
|---|---|
| ZUSAMMENSETZUNG | *Wein und junger Trauben-Branntwein* |
| HERKUNFTSLAND | *Spanien* |
| HERSTELLUNGSORT | *Jerez de la Frontera* |
| JAHRESABSATZ | *ca. 10 Millionen Flaschen* |
| HAUPTABNEHMER | *Großbritannien, USA* |
| AUSZEICHNUNGEN | *eine Goldmedaille bei der International Wine & Spirit Competition, London 1995* |
| BESICHTIGUNGEN | *Besucher willkommen im Harveys Quaint Wine Museum; 12, Denmark Street, Bristol/England* |
| | *Tel. (00 44-1 17) 9 27 50 00* |

wurden Proben aus verschiedenen Fässern mit »Bristol Milk« angeboten, bis sie sich nach einem Sherry erkundigte, der süßer und körperreicher sei. Als sie ihn probierte, war sie so beeindruckt, daß sie angeblich sagte: »Wenn das vorhin Milch war, dann muß dies hier Sahne sein!« Das war die Geburtsstunde von Harvey's Bristol Cream, da John Harvey sich diese Bezeichnung sofort als Markennamen eintragen ließ, den kein anderer Hersteller verwenden darf. Seit diesem glücklichen Zufall stieg Harvey's Bristol Cream zur Spitzenmarke unter den Sherrys

> ### SERVIERVOR-
> ### SCHLÄGE
>
> Harveys **Bristol Cream** ist tief bernsteinfarben und hat ein körperreiches, anregendes Bukett. Er ist voll und süß am Gaumen und hinterläßt einen reifen Nachklang mit leichten Orangennoten.
>
> Harveys Bristol Cream serviert man am besten wie folgt:
>
> ☆ gekühlt und pur in einer »copita«
>
> ☆ auf Eis in einem Tumbler
>
> Der zweite Vorschlag ist für konservative Sherry-Trinker revolutionär, wird aber von Harveys empfohlen.

auf. Mitte der 90er Jahre überraschte Harvey's sowohl die Verbraucher als auch den Weinhandel, als er seinen Bristol Cream – der zuvor in braunen Flaschen verkauft wurde – in einer blauen Glasflasche anbot und so eine alte Tradition aus dem 18. Jahrhundert wiederbelebte: Damals durfte ein Händler aus Bristol exclusiv sächsisches Quarz zur Glasherstellung importieren. Dieses enthielt Kobalt, das in Kombination mit dem englischen, bleihaltigen Glas das einzigartige »Bristol

Blue« ergab.

Zur Erzeugung von Harvey's Bristol Cream werden Palomino- und Pedro-Ximénez-Trauben gekeltert, die Weine mit jungem Weingeist versetzt und in einer Solera verschnitten und gereift. Harvey's Methode, auch den Pedro-Ximénez-Wein in einer Solera reifen zu lassen, ist in der Region Jerez wahrscheinlich die Ausnahme.

# SANDEMAN SHERRY

## Ein 200 Jahre altes Unternehmen

Kurz nachdem der Gründer des Hauses, George Sandeman, 1790 mit Portwein zu handeln begann, registrierte er das zunehmende Interesse an Sherry. Also reiste er nach Jerez de la Frontera, um dort eine Exportniederlassung zu gründen. Die Entwicklung seiner Firma fiel in die Anfänge von Napoleons Herrschafts-

*George Sandeman*

streben, als viele Länder, die dem französischen Imperialismus feindlich gesinnt waren, mit Sherry und Port zu handeln begannen, weil es nahezu unmöglich wurde, an französischen Wein heranzukommen.

### AUF EINEN BLICK

| | |
|---|---|
| ZUSAMMENSETZUNG | Weißweine und Weingeist aus Reben der gesetzlich definierten Sherry-Anbauregion |
| HERKUNFTSLAND | Spanien |
| HERSTELLUNGSORT | Jerez de la Frontera |
| HAUPTABNEHMER | Deutschland, Holland, Belgien, USA und Japan |
| AUSZEICHNUNGEN | Hoflieferant H.M.Queen Elizabeth II of England |
| BESICHTIGUNGEN | Sandeman hat ein beliebtes Besucherzentrum in Jerez de la Frontera, Adresse: Calle Pizzaro, 10, Jerez montags bis freitags 10.00 und 13.30 Uhr |

Sandeman Don Fino besteht gänzlich aus Palomino-Trauben und wird, wie jeder andere Sherry auch, mit Destillat aus Weinen der gesetzlich definierten Sherry-Region aufgespritet.

Es wird angenommen, daß die Grundweine von Sandemans relativ neuer Sorte Soléo, einem Fino, sowohl aus Palomino- als auch aus Moscatel-Trauben gekeltert werden. Er wird nur kurz gelagert.

## SERVIERVORSCHLÄGE

Sandeman Don Fino ist ein klassischer, strohfarbener Fino mit feiner, hefetöniger Nase und einem frischen, eleganten Nachklang.

Sandeman Character ist ein kräftiger, bernsteinfarbener Medium Dry Amontillado, äußerst weich und rund am Gaumen.

Sandeman Soléo ist eine Neueinführung und wird als »Very Special Dry« beschrieben. Interessanterweise wird dieser Sherry in einer Flasche aus Weißglas angeboten, so daß man seine strohblonde Farbe gut sehen kann. Er hat einen sehr frischen Duft.

Sandeman Armada Cream ist ein traditioneller Cream Sherry, der in kühleren Breitengraden, wo die süßeren Sorten ohnehin häufiger verlangt werden, sehr beliebt ist.

Alle Sandeman-Sherrys, mit Ausnahme der dunkelsten und ältesten Special-Blends, können wie folgt serviert werden:

traditionell:

✿ gekühlt

modern:

✿ auf Eis (paßt gut zu Cream Sherry)

unorthodox, aber »in« (vor allem die Finos):

✿ mit Eis und Tonic Water

✿ mit Eis und Limonade

# VALDESPINO
## YNOCENTE

*Im Kloster gereift*

Das 500 Jahre alte Haus Valdespino bringt den hoch geschätzten Ynocente Fino auf den Markt, den es als »den einzigen Lagen-Sherry« bezeichnet. Tatsächlich stammen die Grundweine – generell nur aus Palomino-Trauben – komplett aus einem einzigen, nördlich von Jerez gelegenen Weinberg. Dieser Sherry durchläuft nicht die übliche vierstufige Solera: Valdespino pflegt statt der üblichen vier Faßreihen zehn zu stapeln, die von den Sherrys zum Reifen durchlaufen werden müssen. Ansonsten aber wird auch dieser Sherry hergestellt wie alle anderen.

## AUF EINEN BLICK

| | |
|---|---|
| ZUSAMMENSETZUNG | Wein und Weingeist |
| HERKUNFTSLAND | Spanien |
| HERSTELLUNGSORT | Jerez de la Frontera |
| JAHRESABSATZ | 400 000 Flaschen (Valdespino Ynocente ist nur ein kleiner Teil davon) |
| HAUPTABNEHMER | Großbritannien, USA, Holland |
| AUSZEICHNUNGEN | Goldmedaillen Madrid 1877, Dublin 1892 und Amsterdam 1895 |

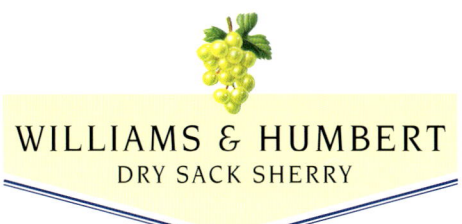

# WILLIAMS & HUMBERT
## DRY SACK SHERRY

### *Eine familiäre Partnerschaft*

1876 taten sich die zwei Schwager Alexander Williams und Arthur Humbert zusammen und begannen unter ihrer beider Namen mit der Erzeugung und dem Handel von Sherry. Alexander Williams hatte bereits praktische Erfahrung, und so operierte er von Jerez de la Frontera aus, während Arthur Humbert das Londoner Büro leitete. 1906 brachte Carl Williams, ein Partner der zweiten Generation, eine neue Sherry-Marke auf den Markt, deren Flasche er in einem Sackleinen-Säckchen verkaufte und »Dry Sack« nannte. Der unter Weinhändlern gebräuchliche Begriff »sack« hatte allerdings nichts mit dieser Verpackung zu tun, sondern ist wahrscheinlich auf das spanische Wort *seco* für »trocken« zurückzuführen – aber was damals als *seco* galt, käme uns heute ziemlich süß vor.

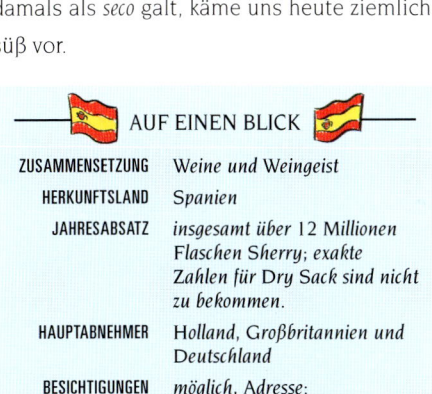

| AUF EINEN BLICK | |
|---|---|
| ZUSAMMENSETZUNG | *Weine und Weingeist* |
| HERKUNFTSLAND | *Spanien* |
| JAHRESABSATZ | *insgesamt über 12 Millionen Flaschen Sherry; exakte Zahlen für Dry Sack sind nicht zu bekommen.* |
| HAUPTABNEHMER | *Holland, Großbritannien und Deutschland* |
| BESICHTIGUNGEN | *möglich, Adresse: Calle Nunu de Canas, 1, Jerez montags bis freitags jeweils 12.00 und 13.30 Uhr* |

Fast ein Jahrhundert später ging das Haus Williams & Humbert einen innovativen Schritt weiter und stellte seinen Dry Sack als Medium-Dry her. Dry Sack ist ein Verschnitt von Amontillado- und Oloroso-Sherrys mit einem Pedro-Ximénez-Wein. Letzteres ist ziemlich ungewöhnlich, denn hier werden Pedro-Ximénez-Trauben zu einem sortenreinen Wein ausgebaut, der erst später mit den beiden anderen Typen versetzt wird. Dry Sack wird auf 20,5%vol. aufgespritet, doch das schwankt etwas, je nach Abnehmerland. Der Wein reift im Durchschnitt acht Jahre in einer Solera, die noch Weinanteile enthält, welche sich bis ins letzte Jahrhundert zurückdatieren lassen. Williams & Humbert gehören heute zur großen Medina-Gruppe.

## SERVIER-VORSCHLÄGE

Dry Sack ist klar bernsteinfarben und besitzt ein zartes, duftiges Bukett. Sein Aroma erinnert an Rosinen, er ist weich am Gaumen, mit halbtrockenem Finish.

Williams & Humbert produzieren drei andere Sorten Sherry:

Pando, einen frischen, trockenen Fino; Dos Cortados ist ein Palo Cortado mit einer intensiven eichigen Note; A Winters Tale ist im Grunde genommen ein Dessertwein.

Dry Sack und ähnliche Sherrys serviert man am besten wie folgt:

☆ gut gekühlt

☆ auf Eis

Dry Sack wird am besten entweder in traditionellen spanischen »copitas« oder in tulpenförmigen Weingläsern serviert.

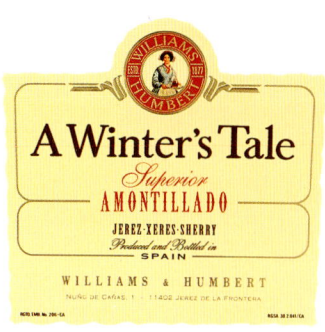

# INDEX